ཨ་ར་པ་ཙ་ན་དྷཱིཿ

チベット仏教 文殊菩薩《マンジュシュリ》の秘訣

Geshe Sonam Gyaltsen Gonta
ゲシェー・ソナム・ギャルツェン・ゴンタ［解説］

法藏館

はじめに

チベットの仏教において、いずれの宗派でも賞賛され、プーキ・ジャムヤン・ナムスム（チベットの三人の文殊菩薩《マンジュシュリ》）と呼ばれているのは、聖者サキャ・パンディタ（クンガー・ギャルツェン：一一八二～一二五一）、クンキェン・ロンチェン・ラブジャム（ティメー・ウーセル：一三〇八～一三六三）、ジェ・ツォンカパ（ロサン・タクパ：一三五七～一四一九）の三人です。

このうちの、ツォンカパ大師の『道の三要訣《ラムツォ・ナムスム》』とサキャ・パンディタの『四つの捕われから離れ《シェンパ・シ》る秘訣《テル》』について、この本で解説することになります。

広大かつ甚深《じんじん》なる仏陀の経典は膨大であり、また、その後の偉大なる聖者、龍樹などが著した論書も数え切れないほどありますが、本書で解説する『道の三要訣』と『四つの捕われから離れる秘訣』の教えには、このあらゆる経典と論書の内容の心髄がすべて集約されています。

この二つの教えに共通したテーマである三つの要訣について、十四世ダライ・ラマ法王は次のように説明しています。

あらゆる輪廻は苦しみの性質であると見て、永遠なる幸福は解脱のみにあると知り、解脱を得たいと強く願う心である「出離」を起こす。自分に耐えられない数多くの苦しみは他者にも同じようにあると考え、一切衆生を苦しみから解放したいという大悲の心を具え、その大悲を種として「菩を持つ。これら三つが三要訣である。

この三つのうちの出離がもしなければ、解脱に心を向け解脱を求める気持ちを起こすことはできず、菩提心がなければ大乗仏教徒といっても名前だけで何の意味もなく、空性を理解する見解である正見がなければ解脱を得ることはできない。

自分自身が解脱を得ることに心が向かえば出離を起こすことになるが、解脱に至るためには空性を理解する見解を学ばなくてはならない。したがって、大乗仏教を信仰する者であれば、出離を前行として菩提心を生じ、空性の見解を学ぶことが重要である。これに密教の教えが加われば、極めて甚深な教えである。

ダライ・ラマ法王をはじめとする多くの師がこのように説いていることからもわかるように、『道の三要訣』と『四つの捕われから離れる秘訣』の示す教えは、チベットでは風のように遍く広まっているものです。

また、もう一つ、大乗仏教の最終的な目的という面から説明をすれば、次のようになります。大乗仏教徒としての願いは究極的な仏陀の境地を成就することですが、仏陀とは目覚めた存在であり、あらゆる過失から離れ、あらゆる功徳を具えた存在です。そしてまた、自利と利他を完全にした存在ということもできます。そのような仏陀の身体（仏身）は、自利を完成した法身と利他を究竟した色身の二つに大別されます。法身を得る主な原因は空性を理解する智慧であり、色身を得る主な原因は菩提心（方便）ですが、この智慧と方便は菩提道において一体でなくてはなりません。

そして、利他行を起こす主な原因は方便である菩提心であり、菩提心が起こるためには一切の生き物に対する慈悲の心である大悲がなくてはなりません。そのような大悲が起こるためには他者（一切衆生）を苦しみから解放したいという切実な心がなくてはならず、そのためには出離の心が起こっていなくてはなりません。なぜなら、自分自身の苦しみに気づかず、自分の中にそのような苦しみから離れたいという気持ちがなければ、他者の苦しみなど理解できるはずもなく、そうであれば他者に対する慈悲の心も容易には起こらないからです。

ですから、仏陀の境地に至るためには、まず出離の心を起こし、その後に菩提心を起こし、正見を得ることが必要であり、この三つが覚りの主な因となります。このように三つの菩提道があることが、「三要訣」と表現される所以です。

この三要訣は、時代を問わず仏教に必要不可欠なものであり、顕教はもちろんのこと、密教においても非常に重要なベースとなるものです。一般に、密教は今生のうちに覚ることのできる速疾な道とされていますが、密教の二次第の修行も三要訣をベースとして行わなければ意味をなさないことは、多くの経験者たちが述べているところです。

本書では、このような広大かつ甚深なるツォンカパ大師の『道の三要訣』とサキャ・パンディタの『四つの捕われから離れる秘訣』が、一人でも多くの方々に役立つようにとの思いで、できる限り解説をしました。皆様にとって役に立つ善い部分があるならば、それはすべて、あらゆる師のおかげです。この教えによって、すべての有情が幸福になり、仏陀の教えが広がることを心から願っています。

そして、本書に誤りがありました場合は、三宝の前に心の底から懺悔致します。なにかお気づきの点がありましたならば、遠慮なくご指摘・ご教示いただければ幸いです。よりよい今後のための貴重な教訓として心に留めたいと思っております。

チベット仏教　文殊菩薩の秘訣　＊目次

第二部　『サパンが著した「四つの捕われから離れる秘訣」』

チベット仏教　文殊菩薩の秘訣

第一部　ツォンカパ大師の『道の三要訣《ラムツォ・ナムスム》』

ツォンカパ大師
(BIBLIO THECA BUDDHICA V. より)

『ラムツォ・ナムスム』の全文

至尊《しそん》の諸上師《ラマ》に頂礼し奉る。
勝者《しょうしゃ》（仏陀）のあらゆるお言葉の心髄の義、
正しき仏子《ぶっし》（菩薩）らが賛嘆する道、
解脱（迷いと苦しみから完全に解放されること）を欲《ほっ》する有縁《うえん》の者たちが
船出する波止場に喩うべき
それ（「道の三要訣」）を、私ができるだけ説き明かそう。
輪廻《りんね》（迷いと苦しみの世界）の幸福に執着せず、
有暇具足《うかぐそく》（仏道修行に適した境遇）を無駄にせぬよう
精進（努力）することによって、
勝者のお喜びになる道を信奉する

有縁の者たちは、清らかな心をもって聴聞《ちょうもん》せよ。

清浄なる出離がなければ、
輪廻の苦海に幸福の果実を追い続け、
それを鎮める方便（手段）はない。
輪廻に愛着する煩悩で、
有情《うじょう》（あらゆる生き物）らは悉く束縛されているため、
最初に出離を追求すべきだ。

有暇具足は得難く、
しかも一生は瞬く間に過ぎ去ると
心で習熟することにより、
今生の些事《さじ》への執着はなくなるだろう。

因果が偽らずに応報する輪廻のさまざまな苦しみを
再三にわたって思うならば、
後生（来世）の些事への執着もなくなるだろう。

そのように習熟することで、
輪廻の栄華を願う心など一刹那たりとも起こらず、
昼夜を通じていつも解脱を追求する智慧の生じたそのときこそ、
出離が起きたのである。

その出離も、
清浄な発心（菩提心）で支えなければ、
無上菩提（仏陀の覚り）の円満な楽を得る因とならぬゆえ、
智慧者らは優れた菩提心を発するのだ。

恐るべき四暴流《しぼる》（欲望や無知などの煩悩）に押し流されて、
避け難い業の堅固な束縛に身動きもならず、
我執という鉄の網に囲まれて、
無明（無知）の闇の果てしなき暗黒に覆い尽くされている……。
無辺の輪廻に生まれかわりを繰り返し、
三苦（普通の苦しみ、変化する苦しみ、普遍的苦しみ）に絶え間なく苛まれ、
今なおこのようになっている母〔なる一切衆生（生きとし生けるものすべて）〕の

ありさまを思いやり、
それから最勝心（菩提心）を発し給え。

真理を了解《りょうげ》する般若（智慧）を具えなければ、
出離や菩提心に習熟したとて
輪廻の根を断ち切ることはできないので、
そのために縁起（あらゆる存在が他に依存して成立すること）を了解する方便を
尽くすよう努めるべきだ。

輪廻と涅槃（迷いと苦しみから解放された世界）の
諸法（さまざまな存在）一切の因果は常に偽らぬと観じつつ、
縁ずる依処（実体として認識される対象）は何であれすべて滅したとき、
それこそ仏陀がお喜びになる道へ入ったのである。

顕現（現われたこと）の因果に偽りがないことと、
空（あらゆる実在に実体がないこと）を認めるという、
これら二つの離れた理解が個別に現われている間は、
未だ牟尼（釈尊）の密意《みっち》（真意）を了解していない。

いつか交互にではなく同時に、
縁起に偽りのないことを観じるのみで
信念をもって境《きょう》の執し方（対象を実体として把握する習慣）をすべて滅するなら、
そのときこそ見解《けんげ》の伺察《しさつ》（分析）は究竟《くきょう》するのである。

さらに、顕現〔に実体がないこと〕をもって
有の辺（存在に実体性を認めるという極端論）を排し、
空〔であるものが幻のごとく現われること〕をもって
無の辺（存在が全くの無だという極端論）を排し、
このように空性が因や果として現われる道理を知るならば、
辺執見《へんしゅうけん》（極端論に執着する見解）に捕われなくなるだろう。

そのように
「道の三要訣」の諸要点を自ら如実に了解したときは、
寂静処へ身を寄せて精進の力を発揮し、
究極のめざす境地を速やかに成就せよ。

我が子（弟子）へ……

10

この教誡は、多聞の比丘ロサン・タクペー・ペル（ツォンカパ大師）が、ツァコ・プンポ・ガワン・タクパに授けたものである。

（和訳　齋藤保高）

I 『ラムツォ・ナムスム』の背景にある教えと学び方

文殊菩薩《マンジュシュリ》から伝授された心髄の教え

この教えのチベット語の表題『ラムツォ・ナムスム』は、「ラム」が「道」、「ツォ」は「要（主要な）」、「ナムスム」は「三種類」という意味なので、全体を日本語にすれば、「菩提道《ぼだいどう》の三つの要点（道《どう》の三要訣《さんようけつ》）」となります。

これは、ツォンカパ大師（一三五七〜一四一九）によって著された教えで、利他《りた》（他者に利すること）を目的として仏陀の境地に至るための道、すなわち覚りを得るためにはどのようなプロセスをたどればよいのかについて、三つの秘訣として簡潔にまとめられたものです。

ツォンカパ大師によって著されたといっても、ツォンカパ大師が独自に創作したものではなく、上師《ラマ》、マンジュシュリから直接伝授された心髄の教えとされ、この「三要訣」は、過去および現在のすべての仏陀が歩んだ道であり、未来に仏陀となる者が歩むべき道であり、あらゆる者を覚りに至らしめる偉大なる乗り物です。

『ラムツォ・ナムスム』の基にある教え「菩提道次第《ラムリム》」

仏陀の境地に至るためには、そのための原因となることを知らなくてはなりませんが、それには間違いのない教え（正法《しょうぼう》）を聞く必要があります。その間違いのない教えを要約したものが『ラムツォ・ナムスム』です。

これは、三界《さんがい》（輪廻世界全体：欲界《よくかい》、色界《しきかい》、無色界《むしきかい》）の暗闇を照らす一つの灯明といわれる「ラムリム」の心髄でもあるので、『ラムツォ・ナムスム』の解説を行なう前に、その背景にある「ラムリム」について少し説明しましょう。

「ラムリム」の「ラム」は「道」、「リム」は「次第（順序、階梯《かいてい》）」ですから、それらの言葉が示すとおり、「ラムリム」は「菩提に至る道の階梯」であり、その内容を一言でいえば、小乗仏教と共通の教え、顕教と密教を含む大乗仏教の教えのすべてが、矛盾なく整理され説き示されたものです。その大きな特徴は、仏教の「教理」と「実践」を別々にしないで、段階を追って間違いなく修行をしていくための現実的な指針となっていることです。

仏教は八世紀頃にインドからチベットに伝わりましたが、十一世紀になると、チベットの仏教を取り巻く環境に混乱が生じ始め、人々の間に誤解や間違いが広まりつつありました。その頃、チャンチュプ・ウーという西チベットの王は、その乱れを治めるべく幾多の困難を排してインドの大学僧アティーシャ（九八二～一〇五四：ベンガル出身。教えの相承は後にカダム派と呼ばれる）をチベットに招聘しました。そして、念願かなってアティーシャがチベットを訪れたときに、王は、広く一般の人々も理解することができる役に立つ教えを書いてほしいと願い、それに応えてアティーシャが著したのが『菩提道灯論《ぼだいどうとうろん》』です。「ラムリム」は、この『菩提道灯論』が基になって広まり、のちに、チベット仏教の大きな特徴の一つとなった考え方です。

その後、ツォンカパ大師がアティーシャの教えを受け継ぎ、中観帰謬論証派《ちゅうがんきびゅうろんしょうは》の哲学に基づいてそれを再構成し、「菩提道次第論」として著しました。ツォンカパ大師の「菩提道次第論」は、『菩提道灯論』をさらに理解しやすくしたものであり、実践しやすいように順序立てて整理されています。

この「菩提道次第論」には有名なものが三種類あり（『菩提道次第広論《ラムリム・チェンモ》』『菩提道次第略論《ラムリム・チュンワ》』『菩提道次第集義《ラムリム・ドゥートゥン》』）、さらに、ツォンカパ大師の後継者たちの手による要約や注釈の主なものが五種類あります。そのほかにもまだ多くの「ラムリム」がありますが、今述べた八種類の「ラムリム」が「八冊の偉大なる論書」として知られています（クンチョク／ソナム／齋藤著『実践チベット仏教入門』春秋社参照）。

すべての秘訣が一つの道として表わされた「ラムリム」

「ラムリム」の中には、仏陀に至る道が、下士《げし》、中士《ちゅうし》、上士《じょうし》という三つの段階として説明されています。この三種類は別々の人に付される名称ではなく、一人の人が、たとえば小学生、中学生、高校生と成長していくのと同じように、自分自身が順に学んでいく階梯と考えるべきものです。

すでに述べたように、「ラムリム」はアティーシャやツォンカパ大師が独自の思想によって創作したものではなく、三世《さんぜ》（過去、現在、未来）の仏陀たちによって経典に表わされた道について説かれたものであり、そこにはお釈迦様のすべての経典、龍樹《ナーガールジュナ》や無着《アサンガ》、弥勒《マイトレーヤ》などによる注釈や論書のあらゆる内容が含まれています。ですから、『菩提道灯論』から生まれた「ラムリム」、それの発展した思想である「菩提道次第論」、そしてその心髄ともいえる『ラムツォ・ナムスム』はいずれも、仏陀たちのすべての経典の内容が集約されて一つの書物となったものです。そのような意味では、チベット仏教の四大宗派の教え、あるいは顕教・密教のすべての教えには、本質的に「ラムリム」に説かれている以外の要素はありません。

このことをより具体的に表わす逸話として、ツォンカパ大師は師ラマ・ウマパ宛の手紙に、偉大なる菩薩、アティーシャによる『菩提道灯論』の秘訣を間違いなく理解し、そこに示された順番どおりに弟子たちを導いていること、また、そのとおりに実践すれば、あらゆる経典を正しく順に並べたことになるので、数多くあるその他の教えを説く努力は必要がなかったことを書いています。

実際には、アティーシャの『菩提道灯論』は、ツォンカパ大師の「菩提道次第論」と比較すれば、内容は同じであっても言葉が短く、それほど詳細に説明されてはいません。けれども、適切な師が適切な言葉で丁寧に解説したものを聞くことができれば、『菩提道灯論』にはすべての秘訣が揃っていることがわかります。だからこそ、他のいろいろな修行方法を示す必要がなかったとツォンカパ大師は述べているのです。

『菩提道灯論』を一度説いただけで、この世界にあるすべての教えの心髄を説いたことになり、それを聞いただけで、この世界にあるすべての教えの心髄を聞いたことになります。なぜなら、アティーシャの主要な弟子であるドムトゥンパ（一〇〇五〜一〇六四）が「すばらしき経典は三蔵《さんぞう》である」と述べているように、仏陀たちのすべての経典がまとめられている三蔵（サンスクリット語でトリピタカ：経《きょう》、律《りつ》、論《ろん》）が「ラムリム」に認められるからです。

「ラムリム」の四つの偉大性

「ラムリム」には四つの偉大性と三つの特徴があります。

まず、四つの偉大性から説明しましょう。その一つ目は、「すべての教えを矛盾なく完璧に理解することができる偉大さ」です。ラムリムに従えば、たとえば大乗仏教と小乗仏教の両方を矛盾なく理解することができます。また、特にインドやチベットでは、顕教を学ぶ、あるいは戒律を厳守する僧侶の在り方と密教は矛盾するとして、両者が互いに非難し合った時代もありました。けれども、十一世紀にアティーシャがチベットに招かれ『菩提道灯論』を著したのちは、そのような誤解がなくなり、僧侶も密教を修行することができ、また密教行者も戒律を守ることが重要であるということになりました。十四世紀頃にも似たような問題が生じましたが、そのときには、ツォンカパ大師が『菩提道次第広論』を説き、誤解が解消しました。このように、「ラムリム」には、教えの基本としての戒律から、最上とされる秘密集会《グヒヤサマージャ》のような密教の教えなどまで、すべての教えを矛盾なく正しく修行できるようになる偉大さがあります。ですから、「ラムリム」の教えに触れると、すばらしい教えだと感動して、勉強や実践がそれまで以上に進むようにもなります。いろいろな矛盾や疑問に出会って修行がうまくいかなくなることもあるものですが、「ラムリム」は非常に論理的に整理されているので誤解がなくなるのです。

偉大さの二つ目は、「すべての教えの秘訣を得ることができる偉大さ」です。仏陀の教えの中には捨てるべきものは何一つありません。ですから、すでに述べたように、下士、中士、上士の三士の教えも、別々の人がそれぞれに学ぶのではなく、同じ一人の人がそれらすべてを受け取れば、仏陀の教えのすべてを学ぶことができます。

偉大さの三つ目は、「仏陀の意図を容易かつ速やかに得ることができる偉大さ」です。「ラムリム」のような教えがなければ、仏陀の教えの心髄や意図に気づくためにどれだけ苦労し、時間を費やし、無理を伴うことになるものかわかりません。

偉大さの四つ目は、「大きな罪や誤りが自ずとなくなる偉大さ」です。ここでの「罪」は、特に法（教え）を捨てる罪を意味しています。たとえば、小乗仏教や宗派の違う人々を非難したり見下げたりすることなども罪に当たります。「ラムリム」に従えば、小乗と大乗、あるいは各宗派間の矛盾もなくなるので、罪や誤りを犯すことが自ずとなくなります。

このように偉大な「ラムリム」であっても、何度も教えを聞いているうちに、次第に法の中毒となり、効き目がなくなることもあります。そのような場合、一般的な別の教えで中毒になったのであれば『菩提道次第広論』や『ラムツォ・ナムスム』に代表される「ラムリム」、あるいは「心の訓練《ロジョン》」の教えで治すことができますが、「ラムリム」などで中毒になると、もう治すことはできないといわれています。

あらゆる物事は絶対的ではないので、同じ教えを同じ人が聞いたとしても、時期によっても、その効果は非常に異なります。聞き続けているうちに、初めて聞いたときの感動がなくなり、効果がなくなったり、疑問が生じてくることもありえます。ですから、教えを学ぶときには、単なる勉強や学問としてではなく実践として捉える必要があります。学んだことについてよく考え、瞑想を通じてさらに理解を深めるとともに、正しい帰依の心をもって上師瑜伽《グルヨーガ》や祈願なども行ない、思考と信仰の両面から教えが自分のものとなるようにしていかなくてはなりません。尊い教えに対して中毒になるようなことがあれば非常に危険です。何度も聞いているうちに「なんだ、これか」と思うようにならないように、十分な注意が必要です。

「ラムリム」の三つの特徴

次は、「ラムリム」の三つの特徴です。一つ目の特徴は、「顕教と密教のすべての教えの内容が揃っていること」です。特に『菩提道次第広論』は、無上瑜伽タントラの修行を行なう人も視野に入れて書かれています。そうであっても、三士のうちの中士の教えは、いわゆる小乗仏教的に説かれているように思われる人もいるかもしれません。けれども、それを学ぶことは決して無駄になりません。上の教えを理解するためには、段階を追って考えていかなくてはならないので、そのような教えも必要なのです。三士の道として教えを三種類に分ける必要性は『菩提道次第広論』に詳しく説かれていますが、ある道は要《かなめ》（幹）として、ある道は支分《しぶん》（枝）として説かれており、実践する上ではその両方が必要です。

二つ目の特徴は、「心を訓練（教化《きょうけ》）する教えが実践しやすく説明されていること」です。学問的にではなく実践の面から説明されているので非常に理解しやすいのです。

三つ目の特徴は、「お釈迦様からマイトレーヤなどへの流れである広大なる方便の血脈と、同じくお釈迦様からマンジュシュリなどへの流れである甚深《じんじん》なる智慧の血脈の、両方の流れの秘訣を兼ね備えていること」です。ですから、これ以上の教えはないといっても過言ではないでしょう。

お釈迦様の経典は膨大ですが、それらはすべて説かれた状態のままで、整理されたものではありません。なかには単に言葉どおりに解釈できないものもあります。これに対して、ナーガールジュナやアサンガなどの論書はよく整理されていて、そこにある言葉どおりに理解することができます。

喩えていえば、「経典」は山に生えているままの薬草のようなもので、「論書」はそのような多種類の薬草を採取して一つの部屋に納めたようなものです。これに対して、「ラムリム」はそれらが薬となった状態であり、「ラムリム」に従うということはすでに製剤化された薬を飲むようなものです。ですから、経典や論書のような苦労がありません。たとえば、前述の四つの偉大さも、「ラムリム」に従わなければ容易に得ることはできないでしょう。得られるとしても、多くの時間と苦労を要するはずです。

では、なぜお釈迦様や以前の偉大なる聖者たちは「ラムリム」のような教えを説かなかったのでしょうか。一つの考え方として、かつての人々は頭脳明晰で、「ラムリム」のように整理されたものので学ばなくとも自ずと修行することができたのかもしれません。けれども、その後徐々に生き物が堕落してきて、整理された教えがなければ学ぶことが難しくなったとも考えられます。たとえば、お経の内容を理解するのは容易ではなくとも、「ラムリム」のような教えであれば理解しやすく、その意味する内容のすばらしさも納得しやすいでしょう。

高度な密教修行を一時脇に置く

かつて、カダム派のポトワ（一〇二七～一一〇五）、チェンガワ（一〇三八～一一〇三）とともにドムトゥンパの三大弟子の一人といわれたプチュンワ（一〇三一～一一〇九）がチェンガワに、「五《ご》明《みょう》処《しょ》に秀《ひい》で、堅固《けんご》なる禅定《ぜんじょう》を得て、五神通《じんつう》や八悉地《しっち》を得ることと、アティーシャからの流れである「ラムリム」の教えを完全に理解できないまでもある程度は理解できることと、どちらを選びますか？」と尋ねたそうです。そのときチェンガワは、「「ラムリム」の内容を自分の心相続《しんそうぞく》（転生する心の連なり）に実際に生じることができればもとより、たとえそれができず、ただ「ラムリム」の方向に向かうだけであったとしても、こちらを選びます」と答えたそうです。

輪廻において、禅定に優れれば色界や無色界に転生します。色界は食欲や性欲などの欲求から離れて清浄《しょうじょう》な身体をもつ天の世界、無色界は清浄な物質への欲望からも離れて粗い（物質的な）身体をもたない天の世界です。ただし、この禅定という手法は仏教だけに限られたものではありません。私たちは今、色界や無色界にいないので、そちらのほうが良さそうに思えたり、天の神々のような神通力があったらどんなにすばらしいことかと思うかもしれません。しかし、私たちはかつて何度も色界や無色界に生まれ、文法学や修辞学、論理学、技術・工芸・暦法、医学・薬学、仏教などに秀でて、五つの神通力を身につけ、何劫《カルパ》（インドの無限の時を表わす単位）も続くほどに禅定を深め、八つの悉地（成就）を得たこともあります。けれども、輪廻を超えること（解脱）はできませんでした。つまり、「ラムリム」のような教えに従ってきちんと学んで、修行をしたことは一度もないのです。

アティーシャは、「この教えを僅かでも理解することができれば必ず輪廻を超えることができる」と『菩提道灯論』で述べ、一般のどのような教えよりもこの教えが重要であることを強調しています。

アティーシャがチベットにいた頃の逸話があります。インドからやって来たある人にアティーシャが、「今、インドはどのような状態ですか？」と聞くと、「ヘーヴァジュラの瑜伽行者が小乗仏教の聖者になりました」と答えたそうです。するとアティーシャは、「ああ、地獄に堕ちなくてよかった」といったそうです。これは、教えや修行方法は大乗仏教で、たとえ最上の無上瑜伽であっても、その人自身が小乗仏教の修行者で三要訣をもたなければ地獄に堕ちる可能性もあるということであり、そうなれば意味がないということです。

マンジュシュリがツォンカパ大師に『ラムツォ・ナムスム』を伝授したとき、マンジュシュリは、「解脱を得たいのであれば、一般に優れるとされる秘訣や甚深なる教えをすべて一時脇に置いて、まず出離の瞑想をすべきである」といいました。三要訣が心になければ、いくら六波羅蜜《ろっぱらみつ》と称して布施《ふせ》をし、戒律を守り、忍辱《にんにく》に努め、精進努力し、禅定を行なってみても、すべては今生の現世利益的な現われとなり、輪廻の原因となるばかりです。密教にあこがれ、レベルの高い偉大なものと思い、実際にその修行を行なってみても、三要訣なしには本当の意味の解脱の原因にはなりません。ですから、たとえ密教的手法に優れる人であっても、一時それを脇に置いて、三要訣を自分自身の心の中に本当に体験できるようにしなくてはなりません。

教えに入る前の心身の準備

『ラムツォ・ナムスム』を学ぶ、あるいは偈頌《げじゅ》を唱えるときには、通常の瞑想や読経の前と同様に、まず呼吸に意識を集中させ、息を吐き出すときに煩悩がすべて外に出て、吸い込むときに十方《じっぽう》（あらゆる方角）の仏陀や菩薩たちの加持力が自分の中に溶け込んだとイメージし、できる限り心が清浄な状態となるようにします。

次に、善い動機を起こします。そのために、姿勢を正し、自分の心に今何が現われているかをよく観察します。今生に対する期待や疑いなど、さまざまなものが現われているでしょう。よく心の中を調べ、悪いものがみつかったときには、「自分は無始以来《むしいらい》（始まりのない過去から）このような苦しみの中にあるが、今回、得難い有暇具足《うかぐそく》（仏教を修行するのに適した条件）のある人間の身体を得て、正しい教えと上師に出会ったからには、この教えをできる限り学ぼう。煩悩の心に惑わされればせっかく得た有暇具足が無駄になるから、悪い心には一瞬たりとも従わない」と強く決意します。死がいつ訪れるかわからないことを考え、今生に執着しないで、現世利益を捨てて、来世のためになる善い心を起こします（有暇具足の具体的な内容は、クンチョク／ソナム／齋藤著『実践チベット仏教入門』春秋社　二六三頁参照）。

次に、輪廻世界はどこであろうと苦しみと苦しみの原因ばかりであることを、これまでの自分の体験から深く思い起こします。輪廻世界の欠点を深く認識し、それを心底から厭《いと》い、そこから離れたいという強い思いを起こします。

また、自分の周囲にいる数え切れないほどの生き物たちも、自分と同じように煩悩《ぼんのう》や業《ごう》によって束縛されて自由がなく、さまざまな苦しみによって長い間あえぎ続けていることを思い、そのような彼らに対して強い慈悲を起こし、「私は彼らを輪廻から解放しなくてはならない。私にはその責任がある」と考えます。

けれども、今の自分には、一切衆生《いっさいしゅじょう》（生きとし生けるものすべて）どころか、たった一人の人さえ、本当の意味で救う力がありません。彼らに完全に利する力があるのは正等覚《しょうとうがく》である仏陀だけです。たとえ声聞《しょうもん》や縁覚《えんがく》のような阿羅漢《あらかん》となり小乗仏教的な解脱を達成したとしても、自分一人が苦しみから脱するのみで、すべての生き物に対する完全な利益《りやく》にはなりません。ですから、「一切衆生のために自分は仏陀の境地を得る必要がある。そのために修行をしなくてはならない。だから今、この教えに入るのだ」という強い思い（菩提心《ぼだいしん》）を起こします。そのような思いをもって、『ラムツォ・ナムスム』のような尊い教えを間違いなく聞く（あるいは読む）ことが大切です。

教えを聞くときに離れるべき三つの過失

教えを聞くときには、善い動機をもつとともに、三つの過失から離れます。ここでは、教えを聞く人を器に喩えて説明します。

第一に、器が伏せてあってはなりません。器が伏せられていれば、天から雨が降ってきても器の中に入りません。どれほど美味しい飲み物や食べ物であっても器に入れることはできません。そのような状態にならないためには、関心をもって集中してよく聞くことが大切です。

第二に、器が汚れていてはなりません。伏せられていなくとも、器の中が汚れていれば、いくら美味しい飲食物を入れても、それを口にすることはできません。天から注がれた甘露も、汚れてしまえばそれを味わうことはできません。つまり、教えを単なる興味の対象、あるいは学問として捉えて執着したり、それによって知識を増やし名声を得るといった現世利益を考えている状態が器の中が汚れているということです。動機に誤りがあれば、いくらよく聞いても過失になります。

そして第三に、器の底に穴があいていてはなりません。器が伏せられておらず、中が汚れていなくとも、底に穴があいていれば、いくら食べ物を入れても漏れ出てしまいます。これは心が散乱している状態のことです。そのような状態でいくら聞いても、言葉や意味がよく把握できず、忘れてしまい、教えが心の中に残りません。

教えを聞くときに従うべき六つの想《そう》

さらに、教えを聞くときには六つの想（思い、考え方）に従うことが大事です。第一に、聞く側は自分を病人と思わなくてはなりません。私たちは、始まりのない過去から常に三毒《さんどく》（貪欲《とんよく》、怒り、無知）に冒され続けてきて、容易には治らない重症の患者であると認識することが大事です。執着や怒りを生じるたびに大きな痛みが起こり、また嫉妬心は柔らかな気持ちを一変させ、気分が悪くなります。

第二は、法を説く人（上師）を医師と思うことです。病気の原因は何か、重症度はどの程度かを診断してもらうために、まず医師を探さなくてはなりません。医師を探して見つかったら大いに喜び、医師のいうとおりに治療をします。医師を敬い、大切にし（供養し、お世話をして）、医師の指示をよく守り（教えをよく学び）ます。

医師に診てもらわずに自分勝手に薬を飲むのはよくありません。軽い風邪程度であれば大丈夫かもしれませんが、私たちが患っているのは始まりのない過去から続いている慢性の重病なので、それに関する知識と経験のある医師の診断に従い、適切な薬を処方してもらわなければ大変なことにもなりかねません。本屋で買った本がたとえ面白く興味深いものであったとしても、それは不特定多数に向けて書かれたものですから、その人個人の病気を治す真の手だてにはなりません。一時的に良いように思われても、最終的にそれが合わなければ、さらに悪い結果にもなりえます。そのようにならないためには、経験のある医師に従い、治す方法を教えてもらうことが必要です。このことは一般の病気を考えてみてもわかるでしょう。

第三に、教え（聖なる法）を薬と思うことです。医師の診察を受けて病気の原因が判明したら、適切な薬を飲まなくてはなりません。このように、法を説く人から授かった秘訣や教えを大切にしてその実践を決して忘れないことです。

第四に、熱心に修行することを自分の病気を治す治療と思うことです。何度も何度も実践することが病気を治す方法です。重症であればあるほど、常に薬を飲まなくては治りません。教えられたことをよく理解し実践しなければ、せっかく医師からもらった薬を飲まずにただ保存しているようなものです。病気の治療には修行が必要です。修行をせずにただ聞くだけの学問のような状態であれば、あまり意味がありません。

第五に、聖者（上師）を如来《にょらい》と思うことです。「如来」はここではお釈迦様を意味しています。

「ラムリム」には、法を説く人を至尊《しそん》の上師として敬うと説かれていますが、帰依《きえ》のときと同様に、上師を仏陀としてみることが重要です。

第六に、世間ある限り長く仏陀の教えが存在するようにと願うことです。教えを聞き、それに従って長く実践し続けることができれば、悪い出来事や間違いが減り、今生のこの場所においても幸せに生きることができます。ですから、「仏陀の教えが長く続き広まりますように」と願うことです。

Ⅱ　『ラムツォ・ナムスム』の序文の解説

ここから『ラムツォ・ナムスム』の内容の具体的な解説になります。これは大きく三部に分かれています。第一は序文、第二は主要な内容である本文、第三は後書きに当たる部分です。

序文はさらに三部に分かれています。第一は供養の言葉、第二は法の偉大さと論書を著すための誓いが述べられている部分、そして第三は弟子に法を聞かせ導くための秘訣です。

序文　1

至尊《しそん》の諸上師《ラマ》に頂礼し奉る。

上師《ラマ》に礼拝する

序文1の「至尊の諸上師」は、チベット語では「ジェツン・ラマ」です。「ラムリム」のある注釈書によれば、「ジェ」は「至」であり、三士のうちの「下士」に当たります。「ツン」は「尊」で

「中士」、そして「ラマ」は「上士」を示しています。すなわち、「ジェ・ツン・ラマ」に礼拝することによって、「ラムリム」の三士の教えすべてに礼拝することになります。

このような序文の最初の部分は、論書などを著す場合に必ず述べる供養の言葉で、チベット語で「チュージュ」と呼ばれています。これはインドやチベットの古《いにしえ》よりの習慣で、「完全に書き終えることができますように。その間に障害が生じませんように」という願いが込められています。

このように礼拝し供養の言葉を述べて祈願する対象は、慈悲や智慧、そして優れた本尊など、いろいろあります。一般的には、たとえば智慧に関する書物であればマンジュシュリに、戒律であればお釈迦様や諸々の仏陀に礼拝しますが、『ラムツォ・ナムスム』の内容は「ラムリム」なので、「至尊の諸上師」に礼拝します。この「諸上師」は、広大なる行の系列、および甚深なる智慧の系列の、直接的あるいは間接的な上師たちです。

その中でも特に甚深なる智慧の系列のマンジュシュリに、ツォンカパ大師は常に会っていました。歴史上、ツォンカパ大師は最初は、師ラマ・ウマパを通じて間接的にマンジュシュリに会っていたとされていますが、修行が進んだのちは直接会うようになり、その後はすべての教えをマンジュシュリから直接学びました。ツォンカパ大師はどのような些細なこともマンジュシュリに聞いたとされているので、ツォンカパ大師の著作の中でマンジュシュリの教えでないものはないと考えられます。ツォンカパ大師自身も、「一切はマンジュシュリに伝授されたものであり、自らの考えによって著したものはただ一つもない」と述べています。

上師の重要性を知る

「ラムリム」の心髄である『ラムツォ・ナムスム』を心に生じるためには、上師である善知識《ぜんちしき》に依ることが必要です。上師に依り、上師に従ってはじめて、その秘訣を理解することができます。そのように重要な存在であるからこそ、上師を賞賛し礼拝するのです。

上師の重要性について、カダム派のゲシェー・ポトワは次のように述べています。

解脱の達成には上師以上に大切なものはない。
現実の活動を見て、すぐできるように思えることでも
教える人がいなければできないのであるから、
三悪趣《さんあくしゅ》から来たばかりであるわたしたちが
行ったことがない所（仏陀の境地）に行くためには、
上師がいなければどうして行くことができようか。

（ソナム著『チベット密教の瞑想法』金花舎　一七四頁）

まだ訪れたことのない場所に赴くとき、そこに行った経験のある人が道案内となるように、解脱や仏陀の境地に向かうときには資格のある上師による導きが必要です。一人で勝手に道を行くことは不可能であり、上師に従わずに、たとえば書物だけで成就した人は過去に一人たりともいません。今後もそれは不可能だといわれています。

資格のある善い上師に従う

ただし、上師にも善い上師とそうでない上師がいます。弟子は上師を見習うので、善い上師に従えば弟子も善い人となり、そうでない上師に従えば弟子も堕落します。

上師の資格はいろいろありますが、たとえば戒律《ヴィナヤ》の経典の面から簡単にいえば、菩薩戒や密教戒などの種々の戒律を厳守する堅固な功徳を具えた上師に従うべきです。密教の場合は特に、自分の身《しん》・口《く》・意《い》（身体・言葉・心）の行為すべてを上師の教えどおりに実際に行ない、道の根本として上師のみに注目するので、上師がもつべき資格をよく知り、それを具えた上師を探さなくてはなりません（ソナム著『チベット密教の瞑想法』金花舎 一七六～一八四頁参照）。

実際に、上師がもつ功徳や知識の大きさによって、弟子がどれだけ功徳や知識を具えうるかも違ってきます。完全な道を知る上師から教えを聞いて理解することができれば、弟子もまた知識や功徳の高い人になりえますが、完全な道を知らない上師に従えば弟子も完全な道を知ることはできません。たとえば、その上師が顕教しか知らない、あるいは小乗の教えしか知らないというのでは不完全です。

単に教えを聞いて理解しただけでも、その他の一般的な功徳より大きいといわれているので、正しい資格を具えた上師と出会い、その上師に正しく従って修行をすればどれほどの功徳になるかわかりません。逆に、正しい上師に従わなければ、どれほど大きな損失となるかも十分に知り、注意する必要があります（ソナム著『チベット密教の瞑想法』金花舎 二〇四頁参照）。

ツォンカパ大師は、『菩提道次第略論』の中で、「今生や来世で善業を積み善い縁起となる原因は、目に見える行為だけでなく、心においても上師に正しく従う努力をすることによって得られるから、命をかけても上師を捨てるようなことはしないで、教えどおりに成就することを喜ぶように」と述べています。「私も瑜伽行者としてそのように実践するから、解脱を認める人たちもそのようにしなさい」と。

アティーシャやその弟子のドムトゥンパなど、偉大なる知識を具え、他に比類なき活躍をした人々も、自分の上師に正しく従った結果、そのようなことが可能になりました。ミラレパ（一〇四〇～一一二三）が一生のうちに覚りを得たのも、上師にすべて正しく従ったからです。

上師に正しく従えば善い縁起となる

上師にいかに従うかは修行のどの時点でも重要ですが、特に最初の時点での従い方はその後の縁起の善し悪しを決定する原因となります。

たとえばマルパ（一〇一二～一〇九三：カギュ派の開祖）は、自分の上師であるナーローパ（一〇一六～一一〇〇：マルパに「ナーローの六法」を伝授）との間の縁起において、ある過ちを犯しました（ソナム著『チベット密教の瞑想法』金花舎　一九一一～一九四頁参照）。またミラレパは、上師であるマルパに対して、自らの業によって、きれいではあっても中に何も入っていない空《から》の器を差し上げる結果となってしまったことが、縁起があまり善くなかったことを示す逸話として残されています。そのようにならないためにも、上師に対する行為には十分な注意が必要です。

偉大なる師ティチェン・テンパ・タルギェーの上師であったガワン・チュージョルが病気になっ

たとき、ティチェン・テンパ・タルギェーは心血を注いで世話をし、それによって中観思想を正しく理解したといわれています。またサキャ・パンディタ（一一八二～一二五一）も、師ジェツン・タクパ・ギャルツェン（一一四七～一二一六）が病気になったとき、一生懸命に世話をしたことによってマンジュシュリに直接まみえることができ、その後は特別な苦労もなく偉大な学者となり、チベットのみならずモンゴルや中国など、至る所で賞賛されるようになりました。それもすべて上師に正しく従った結果です。

ある経典には、「教えを説く人を単なる一人の人間とみなして聖なる上師と見なければ、百回犬に転生して、その後は屠殺者になる」とあります。また、カーラチャクラ・タントラには、「上師に対して怒りを生じるなら、たとえそれが一瞬であっても、何劫にもわたって積んだ善業も水の泡と化し、何劫にもわたって地獄の苦しみを体験しなくてはならない」とあります。さらに、アシュヴァゴーシャ作『事師法五十頌《ラマ・ガ・チュパ》』には、「上師に従うことができなければ、今生でも身体の病や精神の悩みなどに大いに悩まされ、また死ぬ前にはさらにつらさや苦しみや恐怖に襲われ、寿命が尽きる前に死ぬこともある」と書かれています。

かつて、カダム派のゲシェー・ネゥスルパの弟子たちも、そのようなことから大勢亡くなったそうです。また、インド人のサンギェー・イェシェは、玉座について説法をしていたとき、そこに集まった多くの弟子たちの数に心を奪われて慢心《まんしん》が生じ、自分の師が部屋に入って来てもそちらに目を向けることもしませんでした。そのために、悪い結果になったと伝えられています。

ましてや、上師を迫害したり非難するようなことをすれば、多くの場合、地獄に生まれる結果となります。伝統的には、「上師に従う」ということを厳しく捉えて、チベット語の最初のひと文字を教えてくれた人もすべて上師と同じように考えてきました。今はそこまではできないとしても、仏法を説いてくれる人を重要視しなくてはならないことは確かです。

ただし、ダライ・ラマ法王は、「ある上師を自分の上師とする前に、その人が信頼できる人かどうか、上師として適切かどうかを確かめるために、まず、その人の仏教の教えの場に行き、一つのレクチャー（講義）として聞いてみなさい」と西洋人たちに助言しています。

上師に対する弟子の態度について厳密にいえば、修行をしているとき以外はすべて上師の世話をするということです。身・口・意で上師の世話をすれば、その行為はすなわち上師瑜伽になります。それによって、それ以外に特別に上師瑜伽を行じなくてもよいといった考え方もあるほどです。

上師に従えばどのような功徳があり、従わなければどのような過失になるかを知り、従うときには上師を仏陀としてみることが大切です。というのは、密教経典には持金剛《じこんごう》が将来、上師となって現われると予言されているからです。

上師について分析の瞑想を行なう

このように、上師を仏陀としてみるべきことはお釈迦様の阿含《あごん》としてもありますが、論理的にも成り立つことです。したがって、上師の重要性をより深く納得するためには「分析的な瞑想」を行ないます。

瞑想といえば、「集中力の瞑想」のことと思い込んでいたり、無念無想になることと誤解しているむきもありますが、チベット仏教では分析的瞑想が非常に重要視されます。かつて、瞑想としてこの分析的な瞑想を明確に区別したのはツォンカパ大師でした。真言念誦《しんごんねんじゅ》と称して数を数えるだけの瞑想をすることなどに対して、分析的な瞑想は、お経の言葉を唱えながら、その内容について深く分析・考察していく方法です。お釈迦様のさまざまな経典の引用や論拠についても、そのようにして深く分析を繰り返し考察していきます。

たとえば、「自分が執着している対象」や「煩悩」について、分析的瞑想によって深く観察・分析を繰り返していくと、執着が強まったときに煩悩が強まっていることがわかるようになります。同様に、「無常」「輪廻の苦」「因果関係の業の法則」などについても分析的瞑想を繰り返していって、それらに十分に習熟すれば、やがて慈悲が生じてくるようになります。

今ここでのテーマは「上師」なので、持金剛である上師という存在がどのようなものであるか、それについて分析的瞑想を行ないます。そうすれば、覚りについての新たな理解や体験が生じてくるでしょう。

序文　2

勝者《しょうしゃ》（仏陀）のあらゆるお言葉の心髄の義、
正しき仏子《ぶっし》（菩薩）らが賛嘆する道、
解脱（迷いと苦しみから完全に解放されること）を欲《ほっ》する有縁《うえん》の者たちが

船出する波止場に喩うべき
それ（「道の三要訣」）を、私ができるだけ説き明かそう。

三要訣がなければ修行は意味を失う

序文2の一行目、「勝者（仏陀）のあらゆるお言葉の心髄の義」には主に三つあり、それが「菩提道の三つの要点」、すなわち『ラムツォ・ナムスム』です。

経典『ジャムペル・ツェンジュ』には、「三乗《さんじょう》（声聞乗、縁覚乗、菩薩乗）によって出離した結果は一乗である」と述べられています。これは、究極的に道は一つ（一乗）なので、有情《うじょう》（心をもつ生き物）であれば例外なく解脱を得て仏陀に至ることができるという意味であり、そのために必要なものが「菩提道の三つの要点」です。

では、究極的には一乗なのに、なぜ三乗という考え方があるのでしょうか。それは、未了義《みりょうぎ》として説かれる教えもあるからです。未了義とは、究極の真理を直接的に説いたものではないという意味ですが、そのような教えがあるのは、一種類の説き方だけではさまざまな相手をすべて導くことができないからです。お釈迦様は、すべての有情それぞれの心の状態に応じて、相手の理解力やさまざまな条件から、その相手に最も効果的な説き方をしました。たとえば、今は大乗仏教（菩薩乗）に縁がない相手であれば、一時的に小乗（声聞乗、縁覚乗）の道を説くこともあります。そのように、個々の興味や関心、心の能力によって道はそれぞれに違ってきます。ここでは、究極的な道に必要な要素として三要訣が示されています。

二行目の「正しき仏子らが賛嘆する道」は、大乗仏教の命である菩提心を示しています。

三～四行目の「解脱を欲する有縁の者たちが……」では、解脱を求める者たちに正しい思想である正見《しょうけん》を示そうとしています。解脱を得るためには、輪廻の原因である無明を断じる正見が必要であり、それが涅槃《ねはん》に入るためのただ一つの門です。

五行目の「それ（「道の三要訣」）を、私ができるだけ説き明かそう」の「できるだけ」という表現は、著者の謙虚さを表わすものです。著者がまだ覚っていない、あるいは疑問を残している、という意味ではありません。また、少ない言葉で「できるだけ」内容を広く正しく説明しよう、という意味もあります。

この序文2は、チベット語で「ツォンパ・タムチャワ」と呼ばれ、法の偉大さとこの論書を著すための誓いが述べられている部分です。これもインドに起源のある習慣で、これがなければ教えを一つの書物として著す作業が中断されてしまう可能性があると考えられています。

すべての教えを解読する鍵

仏陀の経典の中で最も優れたものに、顕教経典の『般若経』がありますが、この内容には二種類が考えられます。一つは経文の言葉上の直接的な内容、すなわち空性であり、もう一つは、行間から読み取れる隠れた内容としての方便（菩薩の五道《ごどう》や十地《じゅうじ》などに基づく修行階梯）です。この『般若経』の隠れた内容としての修行階梯については、マイトレーヤの『現観荘厳論《げんかんしょうごんろん》』に詳しく説かれています。『現観荘厳論』は、仏陀のすべての教えが説かれている点では「ラムリム」と同じですが、「ラムリム」のように整理され順を追って説かれてはいません。その意味では、「ラムリム」は『現観荘厳論』よりもさらに理解しやすい優れた教えだといえるでしょう。

たとえば、ゲルク派なら「秘密集会《グヒヤサマージャ》」、ニンマ派なら「大究竟《ゾクチェン》」、カギュ派なら「大印契《マハームドラー》」というように、各宗派が伝統的に最高位に据える修行法がありますが、それよりさらに「ラムリム」は優れているといえます。なぜなら、その心髄である『ラムツォ・ナムスム』、すなわち三要訣がなければ、どのような高度な修行も意味をなさないからです。

ですから、「ラムリム」、あるいはその心髄である『ラムツォ・ナムスム』は、その他のすべての教えや論書、実践方法を正しく容易に理解する鍵ともいえるものです。すべての内容が揃っているので、ほかの教えとのつながりもわかり、やがては経典のひと文字からさえ意味が見出せるようになるでしょう。この比類なき教えを学ぶことには大きな価値があります。

安易に受け入れずに教えを調べる

修行を行なうときには、手当たり次第に何でもやるのではなく、正しい教えと出会い、正しく実践することが非常に大切です。誤った教えに従い、内容を間違えて把握してしまえば、それまでの努力も水の泡です。どれほど修行をしても残念な結果にならざるをえません。教えは、今生の利益のみならず、ずっと先の将来まで永遠に関係するので、安易に受け入れず、その内容をきちんと調べることが重要です。

それについて、サキャ・パンディタは、商売人が商品をよく調べるように、聖なる教えについてもよく調べるようにといい、商売であれば、たとえ間違えても短い一生だけのことですみますが、仏陀の教えは今生のみならず永遠のものであり、間違えてしまえば大変なことになるので、教えに出会ったときには野良犬が肉を見つけたときのようにすぐにかぶりつかず、それが正しいものかどうかをよく調べるようにと注意を促しています。

またミラレパも、正しい秘訣の教えを修行できなければ、たとえ洞窟にこもって瞑想に励んだとしても自分自身が苦しむだけだと述べています。

善い教えに慣れ、善い教えから離れない

自分で教えを調べるようにといわれても、それができないこともあります。というのは、あまりにも煩悩や悪業に慣れすぎていると、慣れているもののほうが自分に合うように感じられ、間違いであっても慣れた教えが気に入り、すぐにそれを取り入れてしまうからです。ですから、功徳がなければ、たとえ正しい教えに出会っても心がそれに反応することはなく、正しくない教えのほうを好み、そちらに執着してしまいます。お釈迦様の教えは時代の影響を受けない永遠の正法ですが、お釈迦様が生きていた時代の人々がすべて仏教徒になったかというとそうではなく、仏教以外の教えが気に入り、そちらの道に入った人が大勢いました。

現代はその当時より悪い状況にあり、これから先はさらに悪い時代となることも考えられます。そのような中でも、私たちは今、今生や過去生での善い行為によって正しい仏陀の教えに出会いました。教えと偶然に出会うことはありえません。けれども、たとえ正しい教えに出会って学んでい

ても、やがて嫌になってしまうこともあります。ですから、「これからも正しい教えと離れませんように」と願うことが大切です。

序文　3

輪廻《りんね》（迷いと苦しみの世界）の幸福に執着せず、
有暇具足《うかぐそく》（仏道修行に適した境遇）を無駄にせぬよう
精進（努力）することによって、
勝者のお喜びになる道を信奉する
有縁の者たちは、清らかな心をもって聴聞《ちょうもん》せよ。

正しい弟子となり法に耳を傾ける

序文の第三番目として、弟子たちに法を聞かせるための秘訣が述べられています。これは、どのような方向に弟子たちを導くかということでもあります。

輪廻において幸せに見えるようなことにも一瞬たりとも執着しないで解脱を求める者たちであれば、せっかく得た有暇具足を有意義なものとするため、この身体を拠り所として利用し、教えの心髄である菩提心を得なくてはなりません。「勝者（仏陀）のお喜びになる道」に正しく完全に従うためには、たとえ一部分であろうと迷いや誤りがあってはなりません。

それでは、正しく学ぶことができる弟子とはどのような人たちでしょうか。それは、正しい智慧があり、好き・嫌いなどの極端から離れ、法を信頼することができる人たちです。すなわち、前述の三つの過失から離れて、六つの想によって教えを聞くことのできる人が「有縁の者たち」です。そのような人たちは「清らかな心で聞きなさい」と、ここで述べています。

もう一つの解釈によれば、一行目の「輪廻の幸福に執着せず」という部分は「出離」を意味しています。「有暇具足を無駄にせぬよう精進する」は「菩提心」です。「ラムリム」の教えによれば、有暇具足の心髄は三つあり、一つは善趣《ぜんしゅ》への転生（善い生まれかわり）、もう一つは出離《しゅつり》、そして三つめは菩提心です。ですから、菩提心を学び修行する人は有暇具足を最大に活用する人であり、人間として生まれてきたことの最大の心髄を得ることになります。続く「勝者のお喜びになる道を信奉する」という部分は、正見を説いています。したがって、序文3の最初の四行だけですでに「道の三要訣」になります。

ここまでが序文の解説です。

Ⅲ　「出離《しゅつり》」についての解説

――輪廻の苦しみを厭い、解脱を求める心――

ここから『ラムツォ・ナムスム』の本文に入ります。本文は、出離、菩提心、正見（正しい見解を説くこと）の順に述べられています。

本文　4

清浄なる出離がなければ、
輪廻の苦海に幸福の果実を追い続け、
それを鎮める方便（手段）はない。
輪廻に愛着する煩悩で、
有情《うじょう》（あらゆる生き物）らは悉く束縛されているため、
最初に出離を追求すべきだ。

出離が起こらなければならない理由

出離は一般に三つのポイントから説明されますが、その第一は出離が起こらなければならない理由です。出離とは、この輪廻の欠点に気づき、それを心から厭い、そこから離れたいと切望する状態です。

輪廻の苦しみの中に生きる私たちは、喩えるなら刑務所に入れられている囚人のようなものです。囚人がもし自分自身を幸せだと思えば、永遠にそこから出る気持ちにはならないでしょう。同様に、輪廻世界を幸せで問題のない場所と誤って捉えているのであれば、解脱を望みそのための努力をすることもないでしょう。

ですから、この輪廻は善なるものではなく刑務所のようなものだとまず気づくことが重要です。それに気づけば、自然にこの状態を厭う気持ちになり、ここから解放されたいと望む心が生じるはずです。そうでなければ、どこまでいっても輪廻の一時的な幸せや円満に執着するばかりで、その状態から解放される手段を知る機会にも出会えないでしょう。

ここではまず、輪廻とはどのようなものか、その性質を知り、私たちが輪廻し続ける理由を知らなくてはなりません。私たちが無数に輪廻転生を繰り返してきたのは、五取蘊《ごしゅうん》（煩悩を伴った五蘊）を得たことが原因です。私たち人間は五取蘊が和合して存在しています。そして、私たち有情が何によって束縛されているのかといえば、この五取蘊によってです。五蘊とは心身を構成する五つの要素のことですが（七二頁参照）、この五蘊がなぜ有漏《うろ》（不浄）なるものとなるかといえば、五蘊である心身を得る原因は他ならぬ自分自身の煩悩と業だからです。私たちは、無始以来の無限なる時の流れの中で、何度も何度も五取蘊によって業を積み、業の結果を受け取ることを果てしなく繰り返してきました。そのような終わりのない輪廻転生の悪循環から解き放たれ解脱するためには、この輪廻の性質や成り立ちをよく理解し、それを心底から厭い、そこから解放されたいと切に望む出離の心が必要です。

出離は、「ラムリム」では「下士と中士に共通の道」の主要テーマです。仏陀の境地を得るためには菩提心が非常に重要ですが、その菩提心を起こすために不可欠なものが出離です。特に大乗仏教では、小乗仏教よりもさらに強い出離の心が必要になります。

他人の苦を知るために自分の苦を知る

出離を追求するときには、お釈迦様が説かれた四諦のうち、苦諦（輪廻世界の本質は苦しみであるという真実）と集諦（苦しみには原因があり、それは煩悩と業であるという真実）をまず理解しなくてはなりません。そうでなければ、苦しみと苦しみの原因を部分的に滅した段階を経て、最終的にそれらが完全に滅した滅諦である涅槃を得るための方法、すなわち道諦に関心を向けることはできません。

修行として出離や解脱を求めるときには、単に口先だけでなく心の底から湧き上がる思いでなくてはなりません。そうでなければ、結局また輪廻の幸福に関心を抱き、それを求めて執着する結果となります。輪廻の束縛から解放されるための清浄な出離が起こるためには、まず自分がこの輪廻でどのように苦しんでいるのかを認識し、自分自身の心の状態をよく理解することが大事です。自分の本当の苦しみがわからなければ、他者の苦しみもわかりません。他者がどのようにこの輪廻で迷い苦しんでいるのかがわからなければ、それに対して一瞬たりとも耐えられないというような思いや、何とかして助けたいという思いが湧き上がるはずはありません。

他者の立場を思いやる気持ちは仏教用語で「慈悲」と表現されています。これは、「慈」すなわち「慈《いつく》しむ心」と、「悲」すなわち「悲しみ哀れむ心」ですが、出離は厳密にいえば慈悲の「悲」のほうにより関係があります。「悲」の心とは、生き物が苦しんでいる状態があまりにもつらくて悲しくて、彼らが何とかしてその状態から離れられないものかと切実に思う心です。この心が、特定の対象だけでなくすべての生き物にまで広がったものが「大悲《だいひ》」です。

この大悲が生じなければ、無上なる菩提心は起こりえません。というのは、大悲が因となって菩提心が起こるからです。かつての聖者たちの教えにあるように、菩提心が起こるためには、一切衆生が輪廻の中で苦しんでいることに耐えられない、という大悲が心の底から起こらなくてはなりません。そのためには、まず自分自身の苦しみをよく認識し、その状態を心から厭い、出離の心を起こす必要があります。出離の心がなければ、大乗仏教徒だとか菩薩だとかいっても、ただ言葉だけです。

アティーシャは、「慈と悲を修行できない菩薩をチベット人は知っている」といいました。これは、当時のチベット人に対する厳しい叱責の言葉です。仏教が堕落した時代に慈悲の心を起こすことができない修行者がチベットに存在したということです。ただ言葉の上だけで修行を行ない仏教の本当の教えを理解していない人々にアティーシャが注意を促したのです。これは現代にも通じることです。

本文　5-a

有暇具足は得難く、
しかも一生は瞬く間に過ぎ去ると
心で習熟することにより、
今生の些事《さじ》への執着はなくなるだろう。

出離を起こす方法　①今生に対する執着から離れる

出離が必要な理由が理解できたら、次に、実際に出離の心を起こす方法が必要です。それには具体的に二つあり、一つは「今生に捕われないこと」、もう一つは「来世に捕われないこと」です。ここではまず「今生に捕われないこと」から説明します。

私たちは、今の自分の人生を考えて計画を立て、常に自分を大事にします。衣・食・住（チベットの通念では「衣・食・名誉」）が豊かで満たされるようにと、現世利益のみを人生の幸せと考えています。そのような状態は、仏教の教えからみれば今生の現われにのみ捕われた生き方です。

私たちは今、十分に修行ができない状態にあり、また修行したいと思って行なってみてもなかなかうまく進んでいきません。それは、今生に捕われていることが原因であり、今生への執着が邪魔になっているからです。もしもそのような状態であれば、教えを正しく理解していることにも、正しい修行者であることにもなりません。

単に形としてお経を唱えることだけなら、出離の心がなくとも誰にでもできます。世間的なこととお経を唱えることの両方を同時に行なうこともできるでしょう。たとえば、心の中で今日の予定を考えながら口でお経を唱えることも可能です。しかし、今生を捨てることと世間的なことの両方を同時に行なうことはできません。世俗的な考え方のままで法のとおりにもなるようにと思っても、そのような意味での両立は不可能です。

ドムトゥンパが教えた本当の修行

アティーシャの主要な弟子であり、チベットでは観音菩薩の化身と信じられているカダム派のドムトゥンパが、本当の修行をどのようなものと考えていたかを示す逸話があります。

あるとき、一人の修行者が仏塔の周りをまわる修行をしていました。それを見たドムトゥンパは、「仏塔をまわるのも結構ですが、それよりも、本当の修行をしてください」といいました。その人は、「確かに、仏塔をまわるより五体投地をしたほうが修行になるだろう」と思い、五体投地を始めました。するとドムトゥンパは再び、「五体投地も結構ですが、それよりも、本当の修行をしてください」といいました。そこで修行者は「仏塔をまわったり五体投地をするよりも、お経をあげるほうが修行になるに違いない」と考え、お経をあげて瞑想をし始めました。ドムトゥンパは、「お経をあげて瞑想をすることも結構ですが、本当の修行をすることはそれよりも遥かに優れています」といいました。困り果てた修行者が「それでは、本当の修行とは何をすればいいのでしょうか」と尋ねると、「今生を捨てなさい」と三度繰り返していったそうです。

この言葉の意味は、直接的には、今生を捨てることです。そして間接的には、修行は単に身体や言葉だけでできるものではないということです。修行とは、第一に心で行なうことです。ですから、今生に捕われた心を捨てて、今生に対する執着から離れることが必要です。

ただ一つの秘訣を授かった修行者

かつて、ゲシェー・シャンナチュントゥンパというカダム派の修行者がおりました。彼は、アティーシャから「今生を捨てる」というただ一つの秘訣を授かった弟子です。それ以外の秘訣（たとえば慈悲や菩提心を起こすことなど）は全く聞かなかったそうです。それを知ったドムトゥンパは、「アティーシャは本当の意味の修行の秘訣を授けたのだ」と思ったそうです。けれども、シャンナチュントゥンパ自身は、当初、その秘訣に十分満足していませんでした。彼は今生を捨てるという秘訣の真の重要性を理解していなかったのです。この秘訣の本当の意味に気づき、修行のためにはまず今生を捨てることこそが大切だと思えるようになったのは、随分後になってからだったそうです。

世間八法《せけんはっぽう》から離れる

ここでいう「今生を捨てる」とは、世間八法としての衣・食・住（および名誉）から離れることを意味しています。世間八法とは、人間の心をかきたてる世間的な八種類の事柄「利益」と「損失」、「楽」と「苦」、「名誉」と「不名誉」、「賞賛」と「非難」です。偉い修行者であっても、衣・食・住を捨てることは比較的容易にできたとしても、名声に対する執着を最後まで捨てきれないこともあります。たとえば、誰もいない山奥の洞窟で瞑想に明け暮れつつ、「あの山の奥には偉い修行者がおられるそうだ」などと誰かにいわれたいと思ってしまうのです。もっとも、まだ初心の修行者にとっては、名声よりも衣・食・住のほうが遥かに大事なものと思われるかもしれませんが。

ナーガールジュナの『勧誡王頌《かんかいおうじゅ》（友人への手紙）』には次のようにあります。

世界を知る王よ。世のなかの八種の法、すなわち利益と損失、苦と楽、名声と不名声、称讃と非難とに心を向けず、それらに超然となるべきです。

（『大乗仏典14　龍樹』中央公論社　三二五頁）

大行者リンレーパ（一一二八～一一八九）も、「世間八法から離れて心が平静であるように」と述べています。「輪廻は分別の集まる村落であり、世間八法の屍が溢れる恐ろしい墓場だから」と。

私たちは経済的に恵まれれば喜び、貧乏であれば気持ちが沈んで悲しくなります。尊敬や名声を集めれば嬉しさのあまり有頂天になり、非難され軽蔑されれば深く落ち込みます。健康であれば幸せを感じ、少しでも病気や怪我をすれば不幸だと思い、また自分には常に良いことばかりを期待し、良いことがなければ悲しくなって落ち込みます。

このように世間八法に捕われ、些細なことにいちいち振り回されて一喜一憂を繰り返すようなことがなく、心が常に平静であるように注意しなくてはなりません。大いなる学者であっても修行者であっても、世間八法の垢にまみれて、それに捕われるなら、どんなにすばらしい学問や修行を修めたつもりになっても、それは本当の法（修行）ではありません。

修行の内容と自分の心をよく通じさせる

重要なことは、正しい教えを受け取り、深く理解することです。大乗仏教の教えであっても、ゾクチェンやマハームドラー、グヒヤサマージャなどの最上なる密教の教えであっても、それを修行する人自身が本当の意味で大乗仏教徒となり密教行者とならなければ意味がありません。それらの深遠な教えをすばらしいものと賞賛し憧れても、それに執着するばかりで、そのとおりに行なわなければ、心が教えどおりになることはなく、単に言葉の上だけの修行者です。たとえば、熱心にお経を唱えるのは良いことに違いありませんが、そのような場合にも、お経の内容と自分の心をよく通じさせなければ意味がありません。

カギュ派のギャルワ・グツァンワ（一一八九～一二五九）の弟子ヤングンパは、「教えはゾクチェンであったとしても、修行者自身がゾクチェンにならなければ役に立たない」といいました。ツォンカパ大師も、「教えは大乗仏教ではあっても、その人が大乗仏教徒にならなければ意味がない」と述べています。

つまり、「今生を捨てる」とは世間八法を捨てること、今生の利益に執着しないことです。そのようにして心を平静に保つことが修行上の大いなる秘訣です。そうでなければ本当の修行者とはいえず、三悪趣への門を閉ざすこともできません。

「最奥なる十の宝《プク・ノル・チュ》」の秘訣

世間八法を捨てる秘訣には、ロジョンの教えの流れとして、カダム派に伝わる「プク・ノル・チュ」の教えがあります。プクとは「奥深い」の「奥」、ノルは「宝」、チュは「十」ですから、「最奥なる十の宝のごとき修行の秘訣」という意味になります。

「最奥なる十の宝」には、「四つの拠り所」と「三つの金剛」と「三つの世界」があります。以下、順に説明します。

《四つの拠り所》

1 心の奥は、法に拠る
2 教えの奥は、清貧に拠る
3 清貧の奥は、死に拠る
4 死の奥は、洞窟に拠る

第一の「心の奥は、法に拠る」とは、心の奥底では常に法を拠り所とすることです。今生において得難い有暇具足が得られたとしても、その状態も無常で、いつか必ず死が訪れます。その時期がいつかは誰にもわかりません。そして、死ぬときに役立つものは聖なる法以外に何もありません。どれほど豊かな財産や名誉などがあっても、死ぬときにはそれらは何の役にも立ちません。ですから、今生がどのようなものであろうと少しも思い煩わず、身・口・意のすべてで修行をすることが大事です。生前、世間的にいかに恵まれた円満な生活をしていようと、死後には何の意味もなくなるのは、王様の暮らしであっても犬の暮らしであっても同じです。死ぬときに役立つものはただ一つ、法のみです。

第二の「教えの奥は、清貧に拠る」とは、「修行のためには苦しみも厭わず、たとえ貧乏になっても構わない」と思うことです。衣・食・住のすべてにおいていかに貧しくとも、「本当の修行ができますように」と願うことです。修行ができるなら環境や条件は一切考えないこと、これが教えの奥にある清貧に向かうことです。

「修行ばかりしていて、果たして生活ができるのだろうか」「食べる物も着る物も得られなくなってしまうのではないか」と皆さんは心配になるかもしれません。けれども、真実の修行のためには「たとえそうなってもいい」と思うことです。それが堅固なる決意です。またあるいは、「そうなるかもしれないし、ならないかもしれないし」と、どちらになるかは予測できないと思っている人もいるでしょう。その場合も、心の奥底では、「食べる物も着る物も十分に得られないような結果になったとしても、修行のほうが大事だ」という強い決意をもつことです。そして、そのように貧乏を恐れずに修行をするときには、決してそれを後悔しないようにしなくてはなりません。それが心から法に頼り、法に拠ることです。

第三の「清貧の奥は、死に拠る」とは、「修行のために貧しさから死ぬことになっても構わない」と思うことです。清貧な修行者は「自分はわずかな食物しか集めることができず、貧しさの中で修行をしているので長くは生きられない。衣・食・住も満足に揃わず、このままでは死んでしまうかもしれない」と思う状態になるかもしれません。やり始めてはみたものの、途中で「修行のためにあまりに今生を捨てすぎるのもどういうものか」と思い始め、「これではやりすぎかもしれない」「家も家族も何もかも失うようなことになってしまっては大変だ」と心配になることもあるかもしれません。

そのようなときには、「前世においては修行のために命をかけたことはなかったのだから、今回は修行のために命をかけてもいい」、あるいは「富豪であっても貧者であっても皆同じように死ぬのだから、金持ちになるために悪業を積んで死ぬよりも、たとえ苦しくとも修行をして死ぬことができれば意味がある」と思うことです。「修行をすることで死ぬことになるのならそれでもいい」「修行のためには餓死してもいい」「着るものがなくて凍死してもいい」と、強い決意をもつことが大事です。

第四の「死の奥は、洞窟に拠る」とは、人里離れた何もない洞窟で修行をすることです。そのような修行場は、病気にかかっても薬もなく、年老いて死ぬときにも世話をしてくれる人も誰一人いないような辺鄙な場所です。そのような洞窟では自分の屍はいったいどうなるのだろうかと心配になるものです。しかし、今生の円満には執着しないで、「自分の遺体がどうなろうと構わない」と考え、捕われないことです。長生きするかしないかは誰にもわからないので、とにかく修行を続けることが大事です。「そこで死ぬことになって、世話をしてくれる人が誰もいなくてもいい」「何もない洞窟でただ一人で修行して、野良犬のように最期のときを迎えても構わない」と決意することです。

ミラレパのような聖者たちは、このような教えを単なる言葉上のこととしてではなく本当に実践しました。そのほかにも、これまでに多くの修行者たちがただ一人で森に入り、野生動物たちがひっそりと身を横たえて息をひきとるときのように、自分には葬式も供養もいらないと心に決め、孤独の中で修行を続けることを願いました。

《三つの金剛》

5　正しい修行の金剛

6　恥のない足跡の金剛

7　智慧の金剛

第五の「正しい修行の金剛」とは、親族や友人たちの誤った愛情や執着に捕われないことです。自分が修行をすることに対して親族や友人たちが反対し、修行は後にしてほしいと懇願し泣いて止めたとしても、自らの心を金剛のように強くもって、それらに捕われることなく正しい修行をするべきです。

第六の「恥のない足跡の金剛」とは、誤った恥を捨て去ることです。正しい修行をしているのであれば、たとえば「あの人は最低だと人から非難されたり、地位も財産もなく何の力もない者として粗末に扱われ差別されたとしても構わない」と決意することです。そして、今生での執着に満ちた親族や友人の助言は、それこそが煩悩や過失の源であり妨害となるので、そこから完全に離れることが大事です。ここでいう金剛とは、心が非常に堅固であることの象徴です。ですから、どのような差別や非難を受けようとも、自分の心の中に誤った恥をもつことなく、堅固な足跡を残して実践することです。

第七の「智慧の金剛」とは、1～6の教えによって自分が決意し誓ったことと自分の心が常に離れずにあることを意味しています。それらの誓いを絶対に破らず、心髄も意味もない世間的なことから完全に離れ、常に仏教の堅固なる教えに従って修行することです。

《三つの世界》

8　人間の世界から離れること

9　野良犬の世界と同じになってもいいと思うこと

10　仏陀の世界に入ること

第八の「人間の世界から離れること」とは、今生の円満や幸福を敵と捉え、今生に対する過剰な関心を捨て去ることです。今生の社会的地位や評価の高低は関係がないと心に刻み、たとえ皆から「あの人は気が違っているのではないか」と嘲笑されることになっても、心の奥底では「今生の人間社会の世俗的な価値観からはずれるように見えたとしても構わない」と深く思い定めることです。ただし、ここで大切なことは、ゲシェー・チェカワの『七事《しちじ》修心《しゅうしん》』にもあるように、ただ「思いだけを変容させて、外側の身体と言葉はそのままの状態に留めておく」ことです。

第九の「野良犬の世界と同じになってもいいと思うこと」とは、衣・食・住（および名誉）の面では損ばかりで、修行を続けるために飢えるような結果になったとしても、それに対して忍耐するということです。

第十の「仏陀の世界に入ること」とは、このような修行によって本尊（仏陀）の境地を成就するということです。今生のたわいもないことのすべてから離れて静かな場所で修行し、最終的に本尊（仏陀）の境地に至ることができるようにと願い、心から修行をすれば、たとえ一時的には食べ物もなくなり餓死するしかないような状況になったとしても、決して死ぬことはありません。一般的には、食物や飲み物がなければ餓死する可能性がありますが、本当の修行者であれば餓死することはありません。

これは、仏教の歴史から考えていえることです。なぜなら、かつてお釈迦様が残された多くの功徳によって修行者たちは守られているからです。以前、お釈迦様は、「自分のあとに続く修行者たちが、本当の修行をすることによって死ぬことが決してないように」と誓願を立てて廻向をしたからです。

法に頼り強い決意で後悔なく行なう

この「プク・ノル・チュ」の教えを実践するのは簡単ではありません。このような極端に見えるようなことを今はまだ完全な形では実践できないかもしれませんが、少なくとも修行をする意志を固め、強く決意することが大切です。「このような修行はとてもできない」と決めつけ諦めてしまうのではなく、「いつかはできるかもしれない」と考え、「やってみよう」と決意することに意義があります。

このような実践のために貧しくなり、地位なども失い一般社会から排除されてもそれを恐れず、世間八法から完全に離れることが重要です。一般社会とは、すなわち世間八法を実践する社会なので、世間八法と正反対の教えを実践する者であれば、そのような世間から離脱し外れても構わないと思わなくてはなりません。その後は、たとえ荒野を彷徨う野良犬のごとく見えようとも、修行に有意義なことだけを考えて生きていくことです。

要は、できないからといって何もしないのではなく、現時点でもある程度は実践することです。なぜなら、世間的な豊かさと修行の成果の両方を得ようとしてもかなわないからです。有意義な修行をしたいのであれば、今生の世間的なことに執着をもたず、そちらの面では損をしてもいいと考え、修行のための心を保つことが重要です。そのようにして本当の修行をすれば、やがて仏陀の境地を成就することにつながっていきます。

過去の聖者たちの教え

ギャルワ・エンサパは、「今生で仏陀の境地を成就するために修行している今の自分に必要なものは一時的な衣・食・住のための物だけだから、怒りや執着を捨てて、静かな場所で有暇具足の心髄が得られますように」と祈願し、その祈願どおりに修行し、今生で仏陀となったそうです。また、偉大なる瑜伽行者ミラレパも、最初は普通の人間でしたが、同じように修行をして今生で仏陀となりました。

このように、過去の偉大な聖者たちも、まず今生を捨てることから始めました。今生を捨てることは修行の第一の階梯であり入門のようなものです。これについて、ミラレパは次のような内容の詩を残しています。

息子よ
真心から修行をしようと思うなら
深い信仰があるなら
今生に目を向けないというなら
真実に従うなら

親類縁者は〔修行の〕邪魔をする悪魔
それを真実と思わずに執着を捨てなさい
食物や財産は悪魔のスパイ
慣れてしまえば善くないから執着を捨てなさい
五つの欲は悪魔の羂索
縛られるから執着を捨てなさい
若い友だちは悪魔の娘

必ず騙されるからよく注意しなさい
生まれ故郷は悪魔の刑務所
解放されがたいから早く逃げることだ
すべてを捨てて行くのなら
いますぐ捨てられれば意味がある
幻のごときこの身は人形のように必ず倒れる
いますぐ縁起を準備すればいい
心の鷲は必ず飛びたつ
いますぐ断ち切ったほうがいい
わたしのいうことを
よく聞いて行なうなら
息子よ
おまえには仏法の縁がある

また、次のような内容の詩もあります。

わたしの幸せは親族に知られず
悲しみは敵に知られない
このように山奥の修行場で死ぬことができたなら
願いは完全に満たされます

年老いたことは友人に知られず
病は妹に知られない
このように山奥の修行場で死ぬことができたなら
願いは完全に満たされます

死は人に知られず
死体が腐乱するのを鳥が見ない
このように山奥の修行場で死ぬことができたなら
願いは完全に満たされます

門口に人の足跡がなく

中には血が残らない
このように山奥の修行場で死ぬことができたなら
願いは完全に満たされます

死後、屍《しかばね》の傍《かたわ》らに誰一人おらず
嘆き悲しんで泣く者もいない
このように山奥の修行場で死ぬことができたなら
願いは完全に満たされます

「どこへ行ったか」と尋ねる者はなく
行き先を指し示す者もいない
このように山奥の修行場で死ぬことができたなら
願いは完全に満たされます

誰もいない山奥の洞窟で
何一つもたず、この身一つで死ぬことができますように
衆生のためになれるなら
願いは完全に満たされます

これらの内容は、言葉どおりには、今生に捕われないことと今生を捨てる喜びや満足が表現されていますが、それと同時に、密教的な意味ではミラレパの身体が虹の身体となり仏陀となることが暗示されています。このように、同じ一つの文章であっても、いくつかの重層的な意味が読み取れることもあります。

出離の心を起こすために、現世利益である世間八法から離れて正しい修行をするときには、それに関する聖者たちの秘訣を知り、「私も同じようにできますように」と祈願し、決意します。

有暇具足《うかぐそく》の得難さ

次に、「死の無常」について考察しますが、その前に、「有暇具足」がいかに得難く有意義なものかについて十分に瞑想を行ない、よく理解・納得する必要があります。そのためには、上師から教えを聞いたり本を読むだけではなく、自分の側からも力を注がなくてはなりません。聞いた教えが自分自身の力となるようにするためには、聞いた内容についてよく考える必要があります。自分自身の現実の生活と教えの内容が一致しているかどうかをみるのも役に立ちます。

ツォンカパ大師は『菩提道次第広論』で、「有暇具足のある人身は得難く、それはあらゆる願いを叶える如意樹よりも優れている」と述べています。「この身が滅しやすいことは空中の稲妻のようであり、このような人身が得られたのは今回だけのことである」と。このように聞いた内容をよく消化し、有暇具足の特性と死の無常の二つが本当に理解できれば、たとえすべての山が金となり、すべての海水が乳となり、すべての人が自分の召使いになったとしても、それらに対して執着することなく修行に向かう堅固な決意をすることができるでしょう。

では、有暇具足とは具体的にどのようなことでしょうか。「有暇」とは、八つの暇のない状態から離れて修行をするために適した境遇があることです。「具足」とは、仏教に出会い修行をすることができるための外側および内側の条件、つまり自分と他者の両方によって生じる条件が揃っていることです（「八有暇十具足」の具体的な内容は、ソナム著『チベット密教の瞑想法』金花舎 二六～三二頁を参照）。

内側の条件の一つとして、修行を行なうときの拠り所となるものは人間のこの身体です。この身体を得たからこそ修行も可能になります。今の自分はどれほど弱く頼りない存在であっても、得難く有意義な有暇具足を手にしているのであれば、それがいかにすばらしく恵まれた状態であるかをよく自覚しなくてはなりません。人身を得たことを最も有意義たらしめるのは、他人のためにも自分のためにも仏陀の境地を成就することです。

有暇具足の得難さは、具体的に原因と結果の二つの面から考えることができます。有暇具足が得られるための根本の原因は正しい戒律を受けてそれを厳守すること、補助的な原因は布施の修行をすること、そして将来において正しい教えを受持し修行をすることができるようにと汚れのない清らかな祈願をすること、などです。それらの結果として、人間の姿に生まれることになります。

人間として生まれることがいかに稀有なことかを考えれば、有暇具足の得難さを自ずと理解することができます。具体的にいえば、まず三悪趣に比べて三善趣に生まれる生き物の数は非常に少ないでしょう。善趣の中でも、人間界とそれ以外の有情の数を比較すると、人間として生を享ける者の数は少ないはずです。その人間の中でも、この南贍部州《なんせんぶしゅう》（仏教の宇宙観において今私たちが住んでいる世界）に住む人の数は少なく、さらにその中で有暇具足を得た人の数は非常に少ないでしょう。特に大乗仏教や密教に出会う人は少なく、しかもそれをずっと続けられる人はごく僅かだけです。

喩えとしてよくいわれるように、「一度にたくさんの豆を壁に向かって投げつけたときに、床に落ちずに壁にそのまま残る豆のように」有暇具足を得ることは稀なことなのです。私たちはすでに人間として生まれているので、この状態が稀だといわれても実感がないかもしれません。しかし、自分の身近にいる多くの動物たちのことを考えてみてください。また、同様に餓鬼《がき》や地獄の住人のことを想像してみれば、人間に生まれたことがどれだけ幸運かがわかるでしょう。ある経典には、「人間の姿として生まれるのが困難なことはもとより、ただ〝人間〟という名を聞くことさえも非常に困難である」と書かれています。

修行をするためには、このような有暇具足のすばらしさを知り、時間を決して無駄にしないことです。修行にはさまざまな段階がありますが、私たちは大乗仏教徒として菩提心を起こさなくてはなりません。菩提心を起こさないまま、いくら高度な密教修行などを形だけ行なっても、あまり意味がありません。菩提心を起こすためには大悲が必要であり、大悲が生じるためには出離がなくてはなりません。そのための第一段階は今生の世間八法に捕われないことです。そのためには、今のこの人間としての生がいかに得難く有意義なものかを深く実感することが必要です。そして、「この貴重な有暇具足を世間八法のためではなく修行のために使おう。今すぐ修行を始めなくてはならない」と自覚することです。なぜなら、このような人生は永遠に続くものではなく、瞬く間に過ぎ去り、ある日突然死が訪れるからです。

死の無常（死についての三つの事実）

有暇具足が理解できたら、次に死の無常について考えます。「ラムリム」によれば、死について考えなければそれは過失であるということです。死には「三つの事実」があります。さらに、その三つの事実それぞれに三つずつ全部で「九つの理由（考えるべきこと）」があります。そして、三つの事実に対する「三つの結論」があります。これらについて順を追ってよく考え瞑想していきます。

○事実一：死は避けられない

【理由（考えるべきこと）】

1　どのような条件も死の訪れを邪魔立てできない

2　何ものも寿命を伸ばすことも短くすることもできない

3　生きている間にも修行ができずにいるうちに死は確実に訪れる

【結論】

したがって、修行すべきである

死はどのような人にでも必ず訪れます。どのような場所に住んでも、どのように良いものを食べ最良の薬を飲んでも、そして、どのような所に逃げても、最終的に死を免れる人は一人もいません。

こうして人間に生まれてきても、生きている間に修行をすることができずにいる人も多いのが現実ですが、そんなことにおかまいなく死は必ず訪れます。修行が終わるまで待ってくれるようなことはありません。そして、今、死んでしまえば、今生のような有暇具足が次にいつ得られるかわかりません。ですから、今このときに修行をすべきことは確かです。

○事実二：いつ死ぬかわからない

【理由（考えるべきこと）】

1　贍部世界の住人の寿命は不安定で、堕落した時代にはなおさら不確定である

2　死のための条件（病原菌や悪霊など）は多いが、生のための条件は少ない

3　身体は水泡のように壊れやすく確実性がない

【結論】

したがって、今すぐ修行を始めるべきである

私たちが今生きている世界は、死の条件は多いのに対して生存の条件は少なく、自分がいつ死ぬかは誰にもわかりません。私たちはまるで渦巻く強い風の中にある灯明のような状態で存在しています。今まで存在してきたのが不思議なほどです。揺れ動く水の泡のように壊れやすい命であれば、明日死なない保証はありません。ですから、今すぐ修行を始めなくてはなりません。来年から、来月から、明日からにしようなどといっている余裕はありません。

○事実三：死ぬときには正しい法しか役に立たない

【理由（考えるべきこと）】

1　財産は役に立たない
2　親族や友人も役に立たない
3　どれほど大切に守ってきた身体も役に立たない

【結論】
したがって、教えのみを行じるべきである
いざ死ぬときには教え以外に役立つものはありません。そのときのことを思えば、今から行なうべきことは修行のみです。今生に対する執着を弱め、「宝のごとき菩提心を行じたままで死ぬことができますように」と祈ることが大事です。

本文　5-b

因果が偽らずに応報する輪廻のさまざまな苦しみを
再三にわたって思うならば、
後生（来世）の些事《さじ》への執着もなくなるだろう。

出離を起こす方法　②来世に対する執着から離れる
有暇具足と死の無常について考え、今生の現世利益から離れたなら、次に来世に対する執着からも離れます。たとえ今生に対する執着から離れたとしても、来世は天界に生まれたい、あるいは再び人間に生まれて裕福で幸せな生活がしたいなどと期待し、相変わらず他人のことは考えず、自分の苦しみがなくなることだけを考えて物事を行ない、修行をしているとすれば、それはすべて来世に対する執着が原因です。ここで、来世において自分に起こる可能性のある良いことやそれに対する執着からも離れることが必要です。

因果関係の法則と業の四つの性質

ここで、因果関係について考えてみましょう。因果関係の業の法則と輪廻の苦しみがよくわかれば、次の生で富や財産、名声などを得ることに対する期待やビジョンをなくすことができます。輪廻の因果関係はきわめて複雑で、その詳細は仏陀にしかわかりません。しかし、少なくとも因果関係の法則についてよく学び、それを信頼する必要があります。そうでなければ、無明から引き起こされるあらゆる業から解放されることができず、何度でも罪を犯し、輪廻転生を繰り返すことになります。

因果関係の業は、善業と不善業の二つに大別されます。したがって、善を行ない不善を行なわないというやり方で修行をしなくてはなりません。

「ラムリム」には、次のような業の四つの性質が説かれています。

1　業は確かである（善因楽果《ぜんいんらくか》、悪因苦果《あくいんくか》）
2　業は常に増大する
3　業がなければ結果は出ない（自業自得《じごうじとく》）

4　一度積んだ業はどれだけ時が経ってもなくならない

皆さんは死をどのようなものとお考えでしょうか。死とは、灯明が消えるように何もなくなることではありません。身体はなくなっても心はなくならず、死後再び、この心はどこかの場所に生まれることになります。そして、有情が生まれる先は輪廻世界の三善趣か三悪趣のいずれかであることに決まっています。

生きているときに善い行ないをした者は三善趣に生まれ、不善を重ねた者は三悪趣に堕ちることになります。死に直面したときには自由がなく、業によって生まれかわるしかありません。十善の反対である十不善《じゅうふぜん》（殺生《せっしょう》、偸盗《ちゅうとう》、邪淫《じゃいん》、妄語《もうご》、綺語《きご》、悪口《あっく》、両舌《りょうぜつ》、貪欲《とんよく》、瞋恚《しんに》、邪見《じゃけん》）のうち、身体の不善である殺生、偸盗、邪淫の中で最も重大なものは殺生ですが、その中でも特に悪質な殺生を行なった者は地獄に、中ぐらいの殺生なら餓鬼に、軽い殺生なら畜生に転生するといわれています。一方、善業のほうは、優れた善業であれば天に、中ぐらいであれば阿修羅《あしゅら》に、小さな善なら人間に転生します（十善については、クンチョク／ソナム／齋藤著『実践チベット仏教入門』春秋社　三〇～三一頁参照）。ナーガールジュナは、「不善業によってあらゆる苦しみが生じて三悪趣に生まれ、善業によって三善趣に生まれる。だから、あらゆる生において善趣に生まれることができるように」と述べています。

一般に、善を起こす力は弱く、不善を起こす力は強いので、どうしても三悪趣に生まれる確率が高くなります。地獄には灼熱の暑さや身も凍る寒さなど、想像を絶する苦しみがあり、餓鬼には空腹や喉の渇きなどによる苦しみや恐れがあります。また、畜生は無知ゆえに互いに殺し合わざるをえない状況にあり、その耐え難い苦しみは言葉で表現することすらできません。

これらの苦しみを単なる喩え話として傍観的に聞くのではなく、自分が実際にその状態であればどうなるのかを本気で一つひとつ想像してみてください。たとえば熱地獄の住人のように煮えたぎる湯をかぶったらどうなるでしょうか。地獄の住人は、自分の業のために人間よりも身体が弱く、それでいて感覚は鋭いので、同じ苦しみでも非常に強く感じてしまいます。私たちがそのようであれば耐えられないことは確かでしょう。

善・不善の強弱に関わる要素

仏教では、因果関係について考え、死後、三悪趣に堕ちることに恐れを抱いたときから帰依が始まります。地獄に堕ちないためには、三宝《さんぽう》（仏《ぶつ》・法《ぼう》・僧《そう》）に心の底から帰依することが大事です。『ラムツォ・ナムスム』には直接的な言葉として帰依は説かれていませんが、内容として必要なので、「ラムリム」に沿って少し説明を加えると、特に顕教では、たとえば朝目覚めて起きることができたこと一つとっても、すべて三宝のおかげと受けとめ、「得難く貴重な有暇具足を有意義なものにしよう」と常に心に思うことが大切です（密教的にはまたいろいろな考え方がありますが）。このような帰依の心髄は因果関係の業の法則にあるので、因果関係を信頼し、善を行ない不善を捨てる修行に精進努力することが、本当の意味の帰依になります。

複雑で容易に理解することはできないからといって因果関係の業の法則を無視すれば間違います。神通力を得るほどの修行者であれ、博学な学者であれ、因果関係の業の法則を無視して物事を行なえば三悪趣に堕ちる結果となります。因果関係を知りながら、それに基づいて修行をしなかったり、また、知識がないために何か間違った行為を行なった場合も、結果は同様です。

お釈迦様の時代のこと、レクペカルマという非常に博学の比丘《びく》がおりました。彼は説法の内容はよく記憶しましたが、仏陀に対する信仰がなく、因果関係の業の法則も信頼していませんでした。そのために次の生では地獄に堕ちたといわれています。またもう一人、やはり学問に優れた同時代のデーヴァダッタも同様な理由によって次の生で地獄に堕ちたそうです。仏陀の教えを知識としては理解していても実践しなかった、あるいは因果関係の業の法則を信頼できなかった結果だと考えられます。

因果関係の業の法則について細心の注意が必要な理由は、前述のように業は増大する性質があるからです。善・不善を問わず、どのような小さな行為であっても、その結果は最終的に大きな影響をおよぼすこととなります。ですから、苦しみであれ楽であれ、私たちの身の上に今起こっていることはすべて、私たちの過去の業による結果です。善い行為の結果は、それを行なったことを後悔しない限り必ず楽となり、不善なる行為はそれを懺悔しない限り、どれほど時が経とうと必ず苦しみを伴う結果となります。ですから、日常生活の中で十善を行ない十不善を行なわないことが非常に大切です。

善・不善の強弱の程度は、それぞれの行為の対象、動機、行為を起こす過程に介在するもの（たとえば布施をするときなら布施する金品など）、行為を起こした後の心の状態、の四つの条件によって決まります。この四つの条件がすべて善であれば完全な善、不善であれば完全な不善となります。ですから、自分の行為によく注意し、身体・言葉・心のいずれかによって不善を行なったときには、すぐに懺悔し、浄化しなくてはなりません。

人間界の「八苦」と「六苦」

修行は、因果関係の業の法則を理解し、それに従うところから始まるといっても過言ではありません。それによって来世への過剰な期待や執着、恐れをある程度はなくすることができます。因果関係を理解したことによって、地獄の苦しみを恐れるようになり、絶対に地獄に行きたくないという気持ちになったことで出離が起こることもあります。けれども、そのようにして次の生で善趣に生まれることができたとしても、輪廻全体から完全に解放されない限り、苦しみを完全に超えることはできません。

たとえば、善趣である人間界にも「八苦」があります。生苦《しょうく》・老苦《ろうく》・病苦《びょうく》・死苦《しく》・怨憎会苦《おんぞうえく》・愛別離苦《あいべつりく》・求不得苦《ぐふとっく》・五取蘊苦《ごしゅうんく》です（具体的な内容は、クンチョク／ソナム／齋藤著『実践チベット仏教入門』春秋社　一五六〜一五七頁参照）。これらは『菩提道次第広論』にも説かれているものです。

さらに、人間界には「六苦」もあります。六苦の第一は、「確かさのない苦しみ」です。たとえば今生の父親が次の生で敵となったり、前世の敵が今生の妻になったりと、輪廻世界の現象は支離滅裂で、全く確実性がありません。今生においても「昨日の敵は今日の友」といわれるとおりです。ナーガールジュナの『勧誡王頌（友人への手紙）』には次のようにあります。

父は子となり、母は妻となり、敵は味方となり、またその逆ともなります。それゆえに輪廻に属するものには、確定したものは何もありません。

（『大乗仏典14　龍樹』中央公論社　三三三頁）

第二は「満足できない過失」です。たとえば、飲んだり食べたりすることについても、どれだけ飲み物や食べ物があっても満足できません。それについては次のように書かれています。

各人は四つの大海よりも多い乳を飲んできました。まして、愚か者として輾転する輪廻にさまよう者が、それより多くのものを飲むことはいうまでもありません。

（『大乗仏典14　龍樹』中央公論社　三三三頁）

第三は、「何度も身体を捨てる（死ぬ）苦しみ」、第四は「何度も生まれる苦しみ」、第五は「何度も高い地位に昇っては落ちる苦しみ」、第六は「一人で生まれ一人で死ぬ苦しみ」です。これらについても具体的に考えてみてください。これら六苦の本質を考えてみればわかるとおり、輪廻の過失とはつまり、決して満足できないということではないでしょうか。それ以上の過失はないといえそうです。

輪廻《りんね》世界とは何か

このような輪廻からの解放とはどういうことなのかとよく考えてみれば、単なる物理的な場所のことではなく、五取蘊からの解放でなくてはならないことに気がつきます。五蘊とは、心身を構成する五つの要素、すなわち「色《しき》（物質的な存在として現われるもの）」「受《じゅ》（苦楽などをさまざまに感受・体験する作用）」「想《そう》（対象の特徴などを把握し識別する作用）」「行《ぎょう》（意思や衝動に基づく心形成作用）」「識《しき》（精神的な分野、すなわち生き物の心の活動における中枢部分）」の集まりのことです。一番目の「色」は肉体的・物理的な要素で、残る四つは精神の領域に属するものです。輪廻において、天の無色界は色蘊がなく四蘊だけですが、無色界以外の生き物はすべて、五蘊である心身をもって存在しています。

前述の八苦の八番目の五取蘊苦は、このように五蘊があるがゆえに生じる人間界の苦しみを指しています。しかし、天の無色界であっても「色」を除いた四蘊があるがゆえの苦しみがあります。そのような意味で、天から地獄まで、善趣でも悪趣でも、輪廻である限りどのような場所にも遍在する苦しみを、仏教特有の用語で「行苦《ぎょうく》」と呼んでいます（一八〇頁参照）。

そこで、仏教の中には、このような行苦の原因である五蘊を敵と捉え、それを滅することをめざす部派もあります。その考え方によれば、五蘊の滅した状態を、たとえば灯明が消えたように身体も心も完全になくなった状態と捉え、その状態を解脱と捉えます。

また、仏教以外の瞑想者で、巧みな禅定によって体験した色界や無色界の状態を解脱と捉えている場合もあります。仏教的見方からすればそこも輪廻の一部ですが、それが解脱だと思い込み、そこから地獄に堕ちてはじめて、色界や無色界での幸せが真実ではなかったと気づくことになります。けれども、そのときに彼らは、その状態を正しく理解することなく、「結局、解脱というものはなかったのだ」と邪見を起こすそうです。

これらの捉え方と仏教が真に意味する解脱は異なります。お釈迦様の教えによれば、輪廻から脱しても心は存在し永遠に続いていきます。そして、凡夫の心は死後再び輪廻世界に戻ってくると考えられます。このような輪廻から完全に脱するためには、無我についての理解、すなわち空性を理解する智慧が必要不可欠です。

ですから、解脱を求める人が進むべき道筋は、まず輪廻の性質を知り、それを厭い、今生や来世のみならず輪廻全体に対して執着し捕われた状態から離れて、完全な出離の心を起こすことです。

このように輪廻世界全体の苦しみについて考え瞑想することは非常に大切ですが、もしも、それによってあまりにも苦しみの感覚が強くなりすぎたときには、仏陀の境地のすばらしさ、そして、その境地に至ることのできる人間の可能性や恵まれた環境、すなわち有暇具足などについても同時に考えるようにするとよいでしょう。

本文 6

そのように習熟することで、
輪廻の栄華を願う心など一刹那たりとも起こらず、

昼夜を通じていつも解脱を追求する智慧の生じたそのときこそ、
出離が起きたのである。

出離が正しく起こった基準

この本文6の内容が本当に出離の心が起こったかどうかの基準です。マンジュシュリから伝授されたとはいえ、実に厳密かつ完全な表現になっています。

たとえ天界に生まれて一時的に羨望の的になるような生を得たとしても、それらも最終的に苦しみでしかありません。輪廻に心髄はないので、一見良さそうに思えるものも最終的にはすべて無意味になってしまいます。

このことをよく考え、今生や来世のみならず輪廻全体の苦しみを理解した結果、世俗の一時的な幸せや豊かさに捕われなくなり、いかなる状態をも羨む心が全く生じなくなり、そこにあるすべての状態を本質的に苦しみと受けとめるようになり、輪廻から脱したいと強く願うようになれば、それが完全な出離の状態です。

そのような気持ちに一度なればよいかといえば、そうではありません。日本にも「三日坊主」という言葉があるように、チベットにも「ゲ・ジュン・プス」という言葉があります。この言葉が意味するような「毛のようにすぐに燃えてなくなる出離」であってはなりません。昼も夜も輪廻を厭い、朝目覚めた瞬間から輪廻の苦しい状態に対する悲しみが起こり、夜寝るまでずっとそれが心にあるようでなくてはなりません。そのような思いがあれば、自然に解脱を求める気持ちになるはずです。そうであれば真実の出離といってよいでしょう。

『ラムツォ・ナムスム』で、得難い有暇具足、死の無常、因果関係の業の法則などを考え、出離を起こすまでのプロセスは、「ラムリム」の「下士と中士に共通の道」に相当します。

出離と大悲《だいひ》は一つの手の裏と表

出離は大悲を生じるための特別の原因であり、出離が起こらない限り大悲は生じません。大悲はあらゆる生き物の苦しみに耐えられない心ですから、そのような気持ちが起こるには他者の苦しみが理解できていなくてはなりません。他者の苦しみが理解できるためには、自分の苦しみがわかっていなくてはなりません。自分の苦しみもわからずに、どうして他者の苦しみがわかるでしょうか。シャーンティデーヴァの『入菩薩行論』には次のようにあります。

> それらの衆生は、以前には、自利のためにさえ、このような心を夢にも浮かべることはなかった。〔それならば、〕どうして他者のためにおこせよう。
>
> （ソナム／西村訳註『入菩薩行論』大法輪閣 一一九頁）

ですから、出離と大悲は手の裏表のようなものです。出離の対象は自分であり、自分の苦しみを考えれば出離につながります。一方、大悲の対象は一切衆生であり、一切衆生の苦しみを考え瞑想すれば大悲につながります。ですから、出離と大悲は、苦しみが耐えられないという面では同じで、対象だけが異なります。出離は小乗と大乗に共通の教えです。

知識を得たらそのとおりに行なう

私たちは今、煩悩を増大させるようなことをするばかりで、「ラムリム」の下士と中士の教えさえ、十分に訓練することができずにいます。けれども、このような知識を得たからには、神通力のようなものにばかり関心を向けるようなことはしないで、三学を重要なものとしなくてはなりません。ここでいう三学とは、戒《かい》・定《じょう》・慧《え》（戒律、禅定、智慧）を意味しています。戒・定・慧の心髄を説くものは「ラムリム」ですから、その内容について聞《もん》・思《し》・修《しゅ》を行なうことが大切です。そうすることによって、仏教の顕教的基礎から、密教の中でも最上なる無上瑜伽の生起次第《ケーリム》や究竟次第《ゾクリム》まで間違いなく成就し、仏陀の境地に住することが可能になります。

そのためには、まず今生の世間八法に捕われないことが重要です。今生の捕われがなくなれば、そのあとが非常にやりやすくなります。来世に人間界や天界に生まれたとしても、それほど大きな期待や執着も起こらないでしょう。今生・来世と限定することなく、輪廻はいずこも確実性がないこと、満足できないこと、信頼できないこと、を心の底から納得できれば、「ラムリム」では中士、『ラムツォ・ナムスム』では出離の段階になります。

正しいプロセスを経て先に進む

出離の教えを聞き、これまで自分が信じ続けてきた世俗の物事に輪廻の欠点を見たことで、冷ややかな気持ちが起こってしまうこともあるでしょう。その結果、他人の目に冷たい人のように映ることもあるかもしれません。そうであっても、この段階では自分の親族や友人をはじめとする、あらゆる人や物事に確実性がないこと、また輪廻の豊かさや円満がどれだけあっても最終的には無意味になることなど、輪廻の欠点について考えを深め、瞑想し、今生や来世の現世利益に捕われる心から離れることが大事です。

このようなことを納得することができれば、今生だけを考えても楽になると思います。世間八法から離れてしまえば、これまでのような問題もなくなるでしょう。その結果、これまで怒りを感じてきたようなことも、どうでもよいように思えたり、さらには石や木のごとく気持ちが動かないような状態になることもあるでしょう。

そのような状態にも善なる場合と不善なる場合があり、あくまでも正しい修行の結果としてそのようであることが大事です。また、善なる場合であったとしても、常にそのような状態であり続ければよいというわけではありません。それはあくまでも一つのプロセスであり、最終的には慈悲や菩提心を起こすことを忘れてはなりません。

問題は外側ではなく内側にある

心とは興味深いもので、本当に出離や慈悲を起こすことのみを考えていると、逆に、生活にも困らず、現世利益にも事欠かない結果となります。反対に今生のことのみを考えていると、解脱や仏陀の境地どころか、今生の現実生活もうまくいかなくなります。なぜなら、問題は外側の物質的な部分ではなく自分自身の心の中にあるからです。心が正しく善なるものであれば物質的にも困らなくなります。また逆に、物質的に恵まれていても心が正しく善なるものでなければ意味がなく、得た物も結局失うことになります。

出家することを出離と呼ぶ場合もありますが、大事なことは形ではなく心です。たとえば、身体と言葉は僧侶であっても心が普通の人と同じであれば形だけの僧侶にすぎません。また、せっかく人間に生まれて有暇具足を得ても、衣・食・住だけを考えているのでは動物と同じ状態です。有暇具足の最大の心髄は慈悲や菩提心を起こすことであり、そのための根本は現世利益や来世に捕われずに出離の心を起こすことです。出離を完全に理解した上で、本格的に大乗仏教へと向かうときには、善なることだけを考え、不善が完全になくなる状態をめざします。

このようなことについて何度も何度も聞いて考え、心を訓練していけば、少しずつ心に変化が生じてきます。繰り返し何度も聞いて、知識の上では特に新しいものがないように感じられても、理解や気づきの面では常に新しいものがあります。そのため、チベットでは「『ラムリム』を九回読めば九回の新しい理解がある」といいます。

Ⅳ 「菩《ぼ》提《だい》心《しん》」についての解説

——すべての生きとし生けるものを輪廻世界の苦しみから救うために、
自ら仏陀の覚りをめざす心——

本文　7

その出離も、
清浄な発心（菩提心）で支えなければ、
無上菩提（仏陀の覚り）の円満な楽を得る因とならぬゆえ、
智慧者らは優れた菩提心を発するのだ。

菩提心を起こすべき理由

菩提心について、ここでは三つのポイントから説明します。第一は、菩提心を起こさなければならない理由です。

すでに述べたように、出離は菩薩乗《ぼさつじょう》（大乗《だいじょう》）のみならず声聞乗《しょうもんじょう》や縁覚乗《えんがくじょう》にも共通のものです。仮に出離の心を起こしたとしても、声聞や縁覚の修行を行ない、自分一人の解脱を求めて小乗仏教の聖者（阿羅漢）となったなら、たとえ解脱に至ったとしても完璧な状態ではありません。多くの経典に、「彼らはまだ完璧ではなく、円満な功徳が具《そな》わっていない」とあるように、阿羅漢は煩悩《ぼんのう》障《しょう》は滅していますが、智慧の障害である所知障《しょちしょう》がまだ残っているからです。

このような状態は、欠点をすべて滅していないために究極的な功徳が得られないという意味で阿羅漢自身にとっても不十分なものですが、自分一人だけの解脱では恩深い母なる一切衆生が見捨てられることになるので、衆生の側からみても不利益です。そもそも自分だけの利益を考えて他を顧みない態度は、一般の社会通念から考えても恥を知らない状態といえるのではないでしょうか。

たとえば、小乗の門に入るより地獄に堕ちたほうがましだというようないい方もありますが、その意味は、「大乗の門に入る縁をもつ人が、小乗仏教に入って解脱することと、最初から大乗仏教に入り、そこで自分が犯した罪によって地獄に堕ちることを比べれば、たとえ地獄に堕ちたとしても最初から大乗の門に入ったほうがよい」ということです。ただし、この場合の前提条件は、あくまでも「大乗仏教に縁がある者」ということです。

仏教の真理に関する中観帰謬論証派《ちゅうがんきびゅうろんしょうは》の見解、あるいは一乗思想《いちじょうしそう》では、小乗仏教の阿羅漢も最終的には大乗仏教に入ることになりますが、それはとても困難なことだとされています。ひとたび小乗仏教に入ってしまえば、そののち大乗仏教に入るまでには、とてつもない時間がかかるからです。ある経典には、「阿羅漢が大悲をもつことは非常に難しい」と説かれています。仏陀は無量の光を放って、阿羅漢たちも大悲に目覚めるようにと願い続けているのですが、彼らは容易に目覚めないそうです。

そのようなことから、ツォンカパ大師は『菩提道次第広論』で、四諦のうちの滅諦が小乗仏教の解脱の境地とならないように、道諦がそれに至る方法とならないように、という意図で、滅諦と道諦にはあまり触れずに、輪廻の本質は苦しみであるという真実（苦諦）と苦しみには原因があるという真実（集諦）についてのみ詳しく解説しています。というのも、「ラムリム」のめざすところは菩薩乗（大乗）に入ることだからです。縁覚の主な修行テーマである「十二縁起」についても『菩提道次第広論』に説かれていますが、それはあくまでも出離を理解するためです。出離を理解することによって自分以外の多くの生き物のことも広く考えることができるようになれば、大悲や菩提心を起こす善い条件となりうるからです。

菩提心を起こすことの十の利益

出離を土台として菩提心を起こすことは重要です。菩提心がなければ、どれほど神通力があっても、博学な上に空性を理解する智慧があっても、大乗仏教に入り菩薩となることはできません。大乗仏教徒であるかないかの重要な基準は菩提心の有無であり、菩提心を起こしてはじめて菩薩となります。菩提心はあらゆる堕落からの解放を可能にするものであり、これを抜きにして菩提のための完全な原因は成り立ちません。

菩提心を起こすことによる十の利益を、シャーンティデーヴァは『入菩薩行論』の中で次のように説いています。

1　大乗仏教の門に入ることになる
2　菩薩や仏子（勝者の子）という尊い名を得ることができる

菩提心を起こせば諸仏が非常に喜ぶことについては次のように書かれています。

菩提心をおこした瞬間に、輪廻の囚人として縛られ困却する者たちは仏子と呼ばれ、天（＝神がみ）と人間に礼拝される者となる。

（ソナム／西村訳註『入菩薩行論』大法輪閣　一一七頁）

3　仏子という種姓《しゅしょう》の力によって、声聞・縁覚・阿羅漢よりも優れた者となる

王子として生まれた赤ん坊が、生まれたときから大臣によっても敬われるように、菩提心を起こした者は解脱した阿羅漢によっても敬われることになります。

4　速やかに勝者（仏陀）らの血筋に連なったと、仏陀や菩薩らが心から喜ぶ

ある経典によれば、誰か菩提心を起こした人がいることを知れば、十方にいる諸仏の玉座が揺れ動いて、供養を捧げ、喜び、加持します。第九地や第十地に到達した偉大な菩薩たちもそれを喜び、その人が完全な覚りの境地に至るようにと祈り、インドラやブラフマンなども礼拝し、供養の対象とするそうです。インドラやブラフマンなどの世間の神々は一時的とはいえ非常に富貴に恵まれた存在ですが、かけがえのない菩提心をもった人たちは、そのようなインドラたちにとっても礼拝と供養の対象となります。

5　功徳が容易に、たちまち円満する

菩提心によって自ずと速やかに二資糧《しりょう》（福徳《ふくとく》と智慧）を積むことができます。菩提心の対象は一

切衆生です。無限なる虚空がある限り存在する一切衆生が、苦しみから離れて幸せを得るようにと願う心をもつ人は無量の福徳を積み、人間の数のごとき膨大な功徳を得ることになります。ひとたび菩提心を起こせば、たとえ一匹の蟻に餌を与えるような些細な行為さえ大いなる功徳となり、それらはやがて仏陀の境地を得る原因となります。

6　あらゆる罪がたちまち浄化できる

仏教の修行は一言でいえば功徳の集積と浄化です。菩提心を生じたなら、たとえ五逆《ごぎゃく》（母を殺す、父を殺す、阿羅漢を殺す、教団の和合を破壊して分裂させる、仏陀の身体を傷つけて血を流させる）などの重い罪があったとしても速やかに浄化することができます。このことについては次のように説かれています。

他の善はすべて、芭蕉樹のように、実を結んだ後、消えてしまう。菩提心の樹は、常に、実を結んだ後もなくなることなく、増大する。

耐えようもない程の罪を犯したとしても、あたかも勇者に頼ることで恐怖から解放されるかのように、それ（＝菩提心）に頼れば一瞬にしてそこから自由になれる。注意深い人はどうしてそれに頼らないであろうか。

（ソナム／西村訳註『入菩薩行論』大法輪閣　一一八頁）

金剛薩埵《こんごうさった》の成就法などにも一般的に説かれているように、菩提心を起こすことと空性を理解する智慧を得ることは最も優れた浄化の方法になります。菩提心を起こすことができれば、どれだけ深い罪があっても速やかに浄化されます。なぜなら、菩提心はあらゆる衆生を対象とするものだからです。たとえば五逆は特定の人を対象とした重い罪ですが、菩提心は一切衆生を対象としているので、こちらの範囲のほうが広く、五逆罪をも含めて浄化するきわめて優れた力となります。

カダム派のゲシェー・ニュクパは、「菩提心を具えることによって功徳を得ることになり、罪も浄化でき、修行の障害も取り除かれる」と述べています。

菩提心がなければ、本尊瑜伽や脈管《ツァ》・風《ルン》・滴《ティクレ》による高度な密教修行、空性の瞑想などを行なっても効を奏しません。

7　自他の一切の目的をすぐに成就できる

天界の住人などによっても供養されるようなあらゆる功徳を具え、あらゆる過失をなくするということは、完全な仏陀になるということです。菩提心を得て無数なる衆生を思いやることによって、その人は如意《にょい》宝樹《ほうじゅ》のようなすばらしい功徳を具えることになります。

8　善や修行の妨げは何もなくなる

仏子となったことによって、諸仏の守護の中にいられるようになり、勇者《ダーカ》、勇猛女《ダーキニー》たちが常に守ってくれます。ですから、魔や他者からの障害も、その力をなくしてしまいます。病気になったり飢えて死ぬような結果に至る害が及ぶこともありません。

9　菩提心は、有情のあらゆる幸せの源であり、大地のようであるあらゆる幸せは菩提心から生じるので、菩提心には大きな力があり、一切衆生の幸せの源になります。

10　五道《ごどう》・十地《じゅうじ》を速やかに完成できる

「速やかに」といっても、顕教では無数なる劫ですが、この終わりなき輪廻において菩提心を起こすことができれば、無数なる劫といえども、いつの日か覚ることが可能になります。

私たちは、この輪廻における無数の前世で、さまざまな神通力や悉地を得たことはあったかもしれませんが、菩提心を起こしたことは一度もありません。無始以来一度も得たことがないものを得るのはすばらしいことではないでしょうか。今述べたような菩提心のすばらしさや功徳についてよく考え、それを得ようと決意することが大事です。

密教の覚りも菩提心しだい

今生で覚ることが可能だとされる密教において、それが実現するかどうかも菩提心の有無にかかっています。

密教が説かれることはとても稀で、特に無上瑜伽タントラの生起次第や究竟次第のような行法は常にどこでも説かれているわけではありません。一方、菩提心は、大乗仏教の顕・密すべての教えに共通であり、修行のどの段階であっても必要不可欠なものです。

ツォンカパ大師は、「教えを実践するときには菩提心を最も重要なものとするように」と述べています。ツォンカパ大師は、菩提心以外にこのように述べたことはないということです。

また、『入菩薩行論』には、菩提心の功徳について次のようにあります。

「衆生の頭痛を取り除こう」と役立とうという思いを持っているだけでも、無数なる福徳を持つことになる。とすれば、一人一人の不幸の多くを除きたいという気持ちを持つならば、それぞれにも無限なる功徳が成就することは言うまでもない。

（ソナム／西村訳註『入菩薩行論』大法輪閣　一一九頁）

また、経典『パーチンキ・シュクペ・ド』には、「菩提心の福徳の大きさは虚空よりも広大である」と述べられています。そのほかにも菩提心に関する書物は数多くありますが、代表的な経典は『華厳経』です。論書では、シャーンティデーヴァの『入菩薩行論』や『大乗集菩薩学論《シクシャーサムッチャヤ》』などに詳しく説かれています。

本文　8

恐るべき四暴流《しぼる》（欲望や無知などの煩悩）に押し流されて、
避け難い業の堅固な束縛に身動きもならず、
我執という鉄の網に囲まれて、
無明（無知）の闇の果てしなき暗黒に覆い尽くされている……。

本文　9

無辺の輪廻に生まれかわりを繰り返し、
三苦（普通の苦しみ、変化する苦しみ、普遍的苦しみ）に絶え間なく苛まれ、
今なおこのようになっている母〔なる一切衆生（生きとし生けるものすべて）〕の
ありさまを思いやり、
それから最勝心（菩提心）を発し給え。

一切衆生の苦しみをどうすべきか

菩提心の功徳について理解できたら、今、一切衆生が「恐るべき四暴流に押し流されて」苦しんでいることを心に思います。ここで、四暴流すなわち欲望や無知などの煩悩の凄まじい四つの河の流れについて考えてみましょう。「原因としての四暴流」は、貪欲、邪見、有《う》（来世に影響を及ぼす業が熟しきった段階：十二縁起の十番目）、無明、です。そして、「結果としての四暴流」は、生、老、病、死、です。

あらゆる衆生は、これらの凄《すさ》まじい河の流れに押し流されているような状態です。断ち切りがたい網に手足を絡み取られた状態といってもよいでしょう。その網は鉄のような我執でできています。しかも、そこは明るい昼間のようではなく、夜のごとき深い闇に覆われ、孤独で閉塞的な状態です。

すべての生き物は、そのような輪廻の海に無限に生まれかわりを繰り返し、耐えがたい苦しみを常に体験し続けています。

このような絶望的な苦しみの中にいる一切衆生を解放する責任は自分にあると認識しなくてはなりません。なぜなら、自分は今、有暇具足に恵まれ、一切衆生を解放できる条件を手にしているからです。そうであれば、今こそ慈悲を起こし、貴い最勝心（菩提心）を生じるために努力しようと決意し、実践しなくてはならないでしょう。

いかにして大悲を起こすべきか

仏教の教えには、宝のごとき菩提心を心の訓練によって起こす二つの主な方法があります。一つは、お釈迦様からマイトレーヤ、アサンガなどの流れの教えに属する「因果の七秘訣」、もう一つは、お釈迦様からマンジュシュリ、シャーンティデーヴァの流れの教えに属する「自他の交換」です。この二つは完全な正しい方法であり、ツォンカパ大師の『菩提道次第広論』にも、この両方が説かれています。

第三の方法として、この二つを合わせて効果的に行なう方法もあり、これもとても重要です。詳細は、ホトゥン・ナムカイ・ペルの『太陽の光』（ゲシェー・チェカワ作『七事《しちじ》修心《しゅうしん》』の注釈書）に解説されています（ソナム／藤田著『チベット密教　心の修行』法藏館、田崎ほか訳『ダライ・ラマ　他者とともに生きる』春秋社参照）。

菩提心を起こす具体的な方法として、ここでは特に因果の七秘訣について解説します。この方法を行なうときには、最初に「平等心」を起こします。次に、一切衆生を母として認識し、その母の恩を思い、その恩を返そうと考えます。この三つの段階によって「慈悲」の「慈」、すなわち「慈しみの心」を起こします。この「慈しみの心」が原因となって、慈悲の「悲」、すなわち生き物の苦しみを「悲しみ哀れむ心」が生じます。その対象がすべての生き物にまで広がったものが「大悲」です。この大悲が起これば、利他を求める「殊勝なる決意」が自ずと生じてきます。この六段階の心の訓練の結果として七段階目に菩提心が生じてきます。

準備として平等心を育む

私たちはいつも、好きな人に執着し、嫌いな人のことは怒ったり憎んだりと、常に極端で偏った状態です。このような状態から離れて心を中立的で平静な状態にするために、因果の七秘訣の瞑想に入る前に必ず平等心の瞑想を行ないます。

はじめに、敵、味方（家族、親戚、友だちなど）、敵でも味方でもない第三者、という三つのグループを想定します。まず、自分の執着や怒りとは無関係な第三者を対象として、彼らに対する自分の心をよく観察し、執着や怒りから離れた平静で中立的な心の状態を体験します。

次に、親族や友人など、自分にとって強い執着や愛着の対象となる人々に対する自分の心を観察します。このときには、漠然としたイメージではなく、自分がよく知っている特定の相手を具体的に一人ひとり思い浮かべることが効果的です。そして、今は親密なその人も、過去世において実は何度も敵となって自分にひどいことをしたり害を及ぼした可能性があることを考えます。その状態を具体的に心に思い描き、そのときの気持ちを実際に感じ取り、それによって彼らに対して今自分がもっている極端な愛着を捨てて、心が平静で中立的になるようにします。

その次に、自分の敵や嫌な人を目の前に観想します。その人は今はそうであっても、あらゆる過去世において自分の母であったこともあれば、家族や友人であったこともあります。そのときには自分に対してたくさんの良いことをしてくれました。その状況を心に思い描き、そのときの気持ちを感じ取り、彼らに対する嫌悪がなくなり心が平静で中立的になるようにします。

そして最終的に、対象を一切衆生にまで広げ、彼らすべてに対する自分の心の状態を観察し、いかなる衆生に対しても心が平静で中立的であるようにします。

一切衆生は、敵も、味方も、敵でも味方でもない者もすべて、自分と同じように苦しみから離れて幸せを得たい気持ちをもっている点では同じです。しかも、そのような一切衆生は皆、過去世において自分の母であったことがある存在です。そうであれば、すべての衆生は皆同じだということになるのではないでしょうか（これについては次の項で詳しく説明します）。無始以来のこの輪廻で、すべての衆生が一度は自分の母であり父であり友だちだったということになれば、今生という限られた期間における一時的な関係の中だけで特定の人を好きになって執着したり、また逆に嫌って憎んだりしても、何の意味もありません。そのことが深く理解できれば、誰に対しても心が平静で平等な状態になるはずです。

平等心の瞑想は、直接的には因果の七秘訣の六つの原因の一つになっていませんが、必ず瞑想しなければならない項目です。

因果の七秘訣 ①一切衆生を母として識る

それでは、菩提心を起こす六つの原因について説明しましょう。まず、心には始まりがないことを論理的に考えます。ここでは、心の連続性を理解しなくてはなりません。たとえば、今日の私の心は昨日の私の心から続いています。同様に、今年の私の心は去年の私の心から続いています。そうであれば、今生の私の心は前世の私の心から続いていることになります。このような心の連なりは「心相続」と呼ばれています。同様に、前世の心相続はそのまた前世の心相続だということになると、心に始まりはあるのでしょうか。ここから以前は心は存在しなかったというような状態はないと考えられます。もしも始まりがあれば、さまざまな問題が生じることにもなるでしょう。

輪廻に始まりはなく、私たちの生にも始まりはないので、そのような中で、私たちはかつて、いろいろな場所に何度も生まれたことがあります。どのような場所であっても、ここに生まれたことは一度もないとはいえないでしょう。そしてまた、衆生として身体を得たのも今回が初めてではありません。人間だけでなく、動物にも数えきれないほど何度も生まれかわったに違いありません。それは、自分だけではなく他者ももちろん同様です。そのような中では、かつて自分の母だったことがない衆生は一人もいないことはもちろん、実際には一度のみならず何度も母だったことがあります。一人の人をとっても、無数なる生の中で数えきれない回数、母であったことが考えられます。このようなことが心から納得できるようになるには、何度も繰り返し瞑想を行なう必要があります。

因果の七秘訣　②母の恩を識る

次に、母から受けた恩を思い起こします。最も瞑想しやすい一般的な方法として、今生の自分の母親のことを考えます。

たとえば、かつて自分が母親の子宮にいたときのことを想像してみてください。お母さんは、熱いお茶や冷たい飲み物を飲むときにも、お腹の赤ん坊に影響があるのではないかと、とても気遣い、あなたを大事にしたと思います。食事をするときにも、あなたに悪い影響が及ぶものであれば、自分が食べたいものも我慢したはずです。自分の身体や健康よりも赤ん坊であるあなたを大切に思い、十カ月もの間大事に育んでくれました。

誕生後も、何もできない無力なあなたにお乳を飲ませ、おしめを換え、あなたが泣けば何があったのかと優しくあやし、まるで宝もののように大切に慈しんでくれました。あなたが病気に罹れば、自分が代わりになれるものならと思い、重い病気に罹ったときには、自分が代わりに死んでもいいとさえ思ったでしょう。

あなたが自分で食べたり、話したり、歩いたり、と現在のように人間らしくなれたのは、どのように些細なこともすべて今生のお母さんのおかげです。我が子が目に入ればいつも目で笑いかけ、優しく話しかけ、たとえ離れているときにも心の中では一瞬たりとも忘れずに気遣ってくれた、あなたのお母さんのおかげです。そのような心遣いがなかったなら、あなたは決して人間として成長することはできず、動物のような生き方をしていたかもしれません。あるいは、すでに生命がなかったかもしれません。

そしてまた、赤ん坊から子ども時代に移り、さらに学生時代になって恥ずかしいことやつらいことがあったときにも、お母さんは私たちの味方となり、いろいろな世話をし気遣ってくれたことでしょう。成長して仕事をする年齢になってからも、母親自身は年老いているのにまだ、「私の息子や娘はどうしているか」と常に心配してくれています。そのような存在は母親以外にいるでしょうか。

瞑想では、若くて元気な時代のお母さんでも構いませんが、年老いて病気などに罹ったつらい条件にある状態のほうがよいかもしれません。そして、赤ちゃんの頃からこれまでに母親から受けた深い恩を考えます。現在のあなたのように、仏教の修行ができるまでに成長できたのは、まさにお母さんが育ててくれたおかげです。もしも生まれたままで打ち捨てられ、何の世話も愛情も受けられなかったなら、あなたは今のように仏教の教えに出会い修行をしようなどと思うことすらできなかったかもしれません。このようなことについて、よく思いを巡らしてみてください。

もちろん現実においては、今生の母親にも輪廻世界で生きる上でのさまざまなつらさや苦しみもあったでしょうから、子どもであったあなたに対して常に完全な世話をし、完璧な環境を用意できたとは限りません。けれども、ともかく現在のような状態にまで成長できた事実を考えなくてはなりません。母親が自分に示してくれた優しさや愛情など、ポジティブな面について、できるだけ具体的に何度も考えてみてください。そうすれば、現世のお母さんから受けた恩を「ありがたいもの」として謙虚に受けとめることができるはずです。

私たちは一般に、他人に対しては些細なことでも「ありがとう」というのに、自分の親にはどんなに世話になっても、それを当たり前のこととして感謝の気持ちを忘れがちです。それどころか逆に、自分に対する親の世話や気遣いが足りなかったという不平・不満の気持ちだけを膨らませてしまうこともあります。けれども、今述べたような瞑想を具体的に何度も行なえば、その恩を思い出すことができるでしょう。

その後は、お父さんについても同様に瞑想します。現世のお父さんもまた、過去においてはあなたの母親であったことが数えきれないほどありました。そのときには、今生の母親と同じように、子どもであるあなたに優しい心で接してくれたはずです。

親子の情愛は、人間以外の動物であっても同様に深いものです。そしてまた、このような母と子の恩深い関係は、現世の親子関係だけでなく、親戚や友人、関係のない人、そして嫌な人や敵との間にも成り立つことをよく考えてください。一度や二度だけでなく、何度も何度も数えきれないほど、過去において一切衆生との間に親子の関係があったことを深く納得できるまで瞑想してください。

因果の七秘訣　③母へ恩を返す

続いて、母なる一切衆生に恩を返す瞑想を行ないます。恩深い母なる衆生は今、前述のようなとてもつらい四つの暴流の中で苦しみにあえいでいます。その母の息子であり娘である私たちは、そのような苦しみから母を解放しなくてはなりません。今、私たちの手の中にはそのための方法があります。それでも母なる衆生を助けず見捨てるのであれば最低の人間ではないでしょうか。母なる衆生を解放する責任は自分にあると感じたなら、衣・食・住などの世俗の一時的な幸せだけでなく、究極的な幸せを与えることを考えなくてはなりません。したがって、恩を返す方法の中で最も優れているのは、自分自身が菩提心を起こすことです。それが究極的な意味の幸せを与えることにつながります。

因果の七秘訣　④慈しみの心を起こす

次に、「あらゆる衆生たちが苦しみから離れて完全に幸せになりますように」と、心から願います。輪廻の苦しみの中にいる衆生には、無漏《むろ》なる（汚れのない）幸せは全くないばかりか、有漏なる（汚れた、変化する）幸せさえ僅かしかありません。衆生の考える幸せは移ろいやすく、いずれは苦しみに変化するものばかりです。幸せを望みながら、本当の幸せを得る方法を知らず、苦しみを望まないのに、その行為のほとんどは苦しみの原因である煩悩と悪業のみです。そのような状況の中で、「衆生が本当の幸せを得られるように」と心から思うこと、これが慈しみの心です。

因果の七秘訣　⑤悲しみ哀れむ心を起こす

次に、一切衆生が苦しむ状態を悲しみ、「すべての衆生が苦しみと苦しみの原因から完全に離れられますように」と切実に願う心を起こします。それが慈悲の悲、すなわち一切衆生を対象とする大悲です。

たとえば一人息子や一人娘が重い病気で苦しんでいるときには、母親は片時も休まず「どうかこの子が助かりますように」と強く願い続けると思います。「悲しみ哀れむ心」とはそのような気持ちです。ある経典には、「少しでも困っている人を見たときに、その苦しみに耐えられず、自然に涙があふれ鳥肌が立つような状態」と書かれています。そのような生理的な反応が自然に表われ出るほどの強い心が必要です。

ここでは、「慈しみの心」を先に瞑想してから「悲しみ哀れむ心」を瞑想する順番になっていますが、ときによって逆になる場合もあります。

また、そのようにして大悲を生じることができないときの方法として、「根本の上師と本質が同一である観音菩薩を瞑想して祈願し真言を唱えるように」と『ラムツォ・ナムスム』の注釈書に書かれています。これが観音菩薩の慈悲によって加持をいただく偉大なる秘訣です（密教の灌頂を受けた人には、より詳細な上師瑜伽の方法もあります）。

因果の七秘訣　⑥殊勝なる決意（勇断）を生じる

①～⑤までの瞑想によって慈悲が起こり、さらに一切衆生を対象とした大悲が起これば、「自分が責任をもって何としても彼らをすべて解放し幸せにする」という「殊勝なる決意」が生じてきます。

これについては次のような疑問もあるかもしれません。たとえば、「あらゆる衆生たちのために、どうして自分が責任をもたなくてはならないのか。衆生を導くためにすでに仏陀や菩薩たちがたくさんいるではないか」というものです。しかし、このような考えは誤りであり恥を知らない状態ではないでしょうか。

たとえば、今生の自分の母親が喉が渇き飢えているとしたら、それを助けるのは自分以外に誰がいるでしょうか。その母は、他ならぬ自分自身にとって恩がある存在です。同じように、無始以来何度も自分の母であったことのある一切衆生も、過去のその時点では今生の母親と同様だったわけです。そうであれば、仏陀や菩薩たちだけに任せておかず、自分が責任をもつのが当然でしょう。そのように、「母なる衆生を苦しみから解放し幸せにすることに対して自分自身が責任をもつ」という優れた決意が必要です。ただ単に慈悲の心をもつだけでなく、「実際に自分が、すべての衆生を苦しみから救い出し、幸せが得られるようにする」という強い決意を起こすことです。

因果の七秘訣　⑦菩提心を生じる

殊勝なる決意が生じたとしても、現在の私たちは一切衆生どころか、たった一人の衆生さえ、究極的な意味では救うことができない状態です。本当の意味で救済できる力があるのは正等覚《しょうとうがく》である仏陀だけです。そこで、「自分も、二利《にり》（自利《じり》と利他《りた》）を円満して、自分自身の光によって無数の衆生を利益することができるように、仏陀の境地を速やかに成就しよう」と考えるのが菩提心です。これは、作りものではない、自然な、本物の菩提心でなくてはなりません。

このような菩提心の瞑想を行なえば、自分の利益については一生懸命に努力しなくとも、自ずと自分自身のためにもなっていきます。「それを知ることは小乗の門に入らない秘訣となる」と上師たちが述べているように、大悲を生じて菩提心を起こせば小乗仏教的な解脱に陥る危険を免れることができます。

因果の七秘訣の①〜③が「慈しみの心」の基になり、それが起こった結果として「悲しみ哀れむ心」が起こります。このような優れた秘訣によって「大悲」が生じ、それによって利他を求める「殊勝なる決意」が起こります。この①〜⑥すべての結果として「菩提心」が生じます。

菩提心によってあらゆる行為が善に

「ラムリム」では、「下士と中士に共通の道」が菩提心を起こすための前行で、「上士の道」が菩提心を起こすための本行です。その後に行なう六波羅蜜行《ろっぱらみつぎょう》は菩提心に基づいた実践に当たります。

菩提心には「世俗の菩提心」と「勝義《しょうぎ》の菩提心」の二種類があり、世俗の菩提心は、一切衆生に利するために覚りを得たいと願う心である「発願心《ほつがんしん》」と、実際に菩薩行を歩み出す「発趣心《ほっしゅしん》」の二つに分けられます。このほかにも、二十二種類の菩提心など、さまざまな分類の方法があります。

菩提心はあらゆる教えの心髄であり、仏陀や菩薩たちが最も大切にしているものの一つです。これについて、シャーンティデーヴァは次のように説いています。

多劫にわたって深く思惟し、牟尼らはこれ（＝菩提心）にのみ利益があるとご覧になった。これによって無量なる人々は、最勝なる至福をたちまちに得ることができる。

衆生を指揮する長《おさ》は、無漏なる智慧によって深く考え抜かれ、〔菩提心を〕尊いものであるとされた。有情の住する所（輪廻世界）を離れたい者は、宝なる菩提心を堅固にもつべきである。

（ソナム／西村訳註『入菩薩行論』大法輪閣　一二九頁）

〔菩提心は〕衆生の無知の黒雲を完全に晴らす、偉大なる太陽である。正法の牛乳を攪拌し、乳酪という心髄を得た。

（ソナム／西村訳註『入菩薩行論』大法輪閣　五六頁）

また、ツォンカパ大師は『菩提道次第集義』の中で、「発菩提心は大乗仏教の生命の樹であり、宝のごとき菩提心以外に心髄はない」と述べています。

菩提心を起こした基準

菩提心について一言でいえば、とても愛するひとり息子（あるいは娘）が燃え盛る火の中に落ちて苦しんでいるのを見て、一瞬たりとも耐えられない母親の心のようなものです。すぐにわが子を救い出さなくてはならないと思う母親と同じように、私たちも、母なる一切衆生が輪廻で苦しんでいるのが耐えられず、彼らをそこから救い出すために今すぐ仏陀の境地を成就しようという気持ちが自然に起こるなら、菩提心が起こった状態といえるでしょう。

菩提心の重要性をよく認識し、行住坐臥《ぎょうじゅうざが》のいついかなるときもそれを心に置いて修習することが大切です。菩提心を起こすことができれば、利他と自利の両方が円満し、一時的にも究極的にも幸せになり、あらゆる行為が善となります。なぜ仏陀や菩薩たちの行為は善であるのかといえば、それはすべて菩提心に基づいているからです。

V 「正見《しょうけん》」についての解説
――あらゆる存在の在り方についての正しい見解を確立する――

本文 10-a

真理を了解《りょうげ》する般若（智慧）を具えなければ、
出離や菩提心に習熟したとて
輪廻の根を断ち切ることはできないので、

なぜ正見が必要か

この偈の一行目の「真理」は、物事の正しい在り方を意味しています。あらゆる存在の在り方を理解するために空性を了解する般若（正見）に従って修習しなければならない理由がここで述べられています。

甚深かつ如実《にょじつ》な存在の在り方は、勝義諦《しょうぎたい》（究極的な存在の次元の真実）です。勝義諦としての空を理解する智慧がなければ、たとえ出離と菩提心があって、どれだけ布施などを行なっても、それだけでは我執を直接的に断滅することはできません。我執を取り除くために有効で直接的な手段

（対治《たいじ》の力）は無我を理解する智慧、すなわち正見であり、出離の心と正見について聞・思・修をすることによって最終的に輪廻の根を断ち切り解脱することができます。

大乗仏教においては、出離の心に続いて菩提心が起こったときに菩薩の修行が始まりますが、菩薩が歩む五段階の修行の道（五道）の第一番目である資糧《しりょう》道《どう》（修行に必要な基礎を積む段階）だけでいくら努力しても、空性を理解しない限り修行はそれ以上進歩しません。つまり、出離の心と菩提心と正見の三つを聞・思・修することによってはじめて一切智智《いっさいちち》（仏智）に至る可能性が開かれます。

小乗仏教との対比でいえば、小乗の道の最終目標は、出離と正見の二つによって解脱を得ることですが、それに対して大乗仏教の最終目標は、出離、菩提心、正見の三つによって一切智智に至ることです。したがって、大乗仏教では、今生や来世のみならず輪廻世界全体に捕われた状態から出離し、一切衆生を苦しみから解放することを心に誓い、そのための方途として菩提心を具え、その上で空性を理解する智慧（正見）を得なくてはなりません。この三つが一切智智の原因となり、菩薩の五道や十地（五道の第三番目である見道《けんどう》に達した聖者の菩薩が、仏陀の境地に至る直前までの間に得る十段階の境地）を速やかに進んでいくことができます。

正見によって輪廻の根を直接断ち切る

空性や無我に対する正しい見解を得ることができれば、因果関係という側面から世俗を正しく理解することができるようになります。因果関係の法則を単に表面的に理解しただけでは、どれだけ布施や持戒に力を尽くして精進したとしても、また、どれだけ深い禅定に入ることができても、輪廻から脱することはできません。空性についての正しい見解、すなわち智慧がなくては煩悩を断ち切ることはできず、解脱もかなわないのです。

アーリヤデーヴァの『四百論』には、「寂静に至る第二の門はない」と書かれています。これは、完全な涅槃への入り口は二つはない、すなわち涅槃に至るためには無我を理解する智慧を得る以外に方法はないということです。とはいえ、無我の智慧だけでもまた十分ではなく、方便としての慈悲や菩提心も不可欠です。仏陀の二身（法身《ほっしん》と色身《しきしん》）を成就するためには、方便としての菩提心と空性を理解する智慧の二つを一体として資糧を積む必要があるからです。

『維摩経《ゆいまぎょう》』には、次のように説かれています。

方便に支持されない知恵は束縛であり、
方便に支えられた知恵が解脱であります。
（『大乗仏典7　維摩経・首楞厳三昧経』中央公論社　八一頁）

また、観音菩薩の成就法の中に、ナーガールジュナの言葉に由来する次のような廻向の言葉があります。

この善行により衆生が普く

福徳と智慧の資糧を円満し、
福智より生ずるところの
妙なる二身（法身と色身）をば得んことを。
（クンチョク／ソナム／齋藤著『実践チベット仏教入門』春秋社　九七頁）

チャンドラキールティの『入中論《ウマ・ジュクパ》』第六章には次のようにあります。

世俗と勝義〔の菩提心〕は、
あたかも白い大翼を広げた〔両翼〕の如くであり、
その雁の王者は群れを先導して善なる強い追い風に乗り、
仏陀の功徳の大海の最勝なる彼岸へ渡る。
（ソナム／クンチョク／齋藤著『チベットの般若心経』春秋社　一八三頁）

これは、方便（菩提心）と智慧（正見）は大空を飛翔する鳥の二つの翼のようであり、仏陀の境地を円満するためには、この二つを一体として保つ必要があるという意味です。

正見を得るために了義《りょうぎ》の経典に従う

それでは、智慧をどのように理解し修習すればよいのでしょうか。空性を学ぶときには、それについて書かれたものなら何でも手当たりしだいに読めばいいというものではなく、世尊の正しい経典に従うことが重要です。経典には了義《りょうぎ》と未了義がありますが、ここでは特に、完全な正しい教えであり真理の究極的な意味を説く了義の経典によって理解すべきことが示唆されています。同じ仏教の思想であっても、いろいろな角度から説かれたさまざまな経典があり、レベルや難解度も多様だからです。

了義か未了義かの基準も一つではありません。たとえば、唯識派《ゆいしきは》と中観派《ちゅうがんは》ではそれについての考え方が異なります。同じ中観派でも、帰謬論証派と自立論証派ではまた見解に違いがあります。具体的にいえば、唯識派や中観自立論証派は、言葉どおりに認められるものを了義、言葉どおりでない別の意味を説くものを未了義とします。一方、中観帰謬論証派によれば、その主な内容が空性を示す経典は了義、空性以外の内容を示すものは未了義です。

これについて「諸行無常《しょぎょうむじょう》」という言葉を例にとると、唯識派と中観自立論証派はこれを了義として認めています。一方、中観帰謬論証派は解釈を要する未了義とします。なぜなら、帰謬論証派においては、諸法《しょほう》（あらゆる存在）の究極的な在り方は目に見えているとおりではなく、その真実の姿は「無常」よりもさらに深い「空性」であるとして、「諸行空性」を真意とするからです。

ここでは、了義・未了義の意味について中観帰謬論証派の見解に従ったほうがよいでしょう。帰謬論証派では、了義・未了義について、『無尽慧所説経《ロトゥー・ミセベ・ド》』の内容を基準として、ナーガールジュナの『根本中論』をはじめとする六種類の論書（『空七十論』『六十頌如理論《じゅによりろん》』『廻諍論《えじょうろん》』『ヴァイダルヤ論』『宝行王正論《ほうぎょうおうしょうろん》』）に書かれたとおりに理解しなくてはならないとします。すなわち、ナーガールジュナを中観派の始祖とするということです。ナーガールジュナは、マイトレーヤやアサンガなどとともに経典の中で予言された人物であるため、ナーガールジュナの思想どおりに諸法の在り方を理解できなければ正しいとはいえないということになります。

ナーガールジュナ後も中観や空性の思想についてのさまざまな著作が登場しましたが、帰謬論証派の立場から最も正しいとされるのはアーリヤデーヴァ、ブッダパーリタ、チャンドラキールティで、彼らの解釈はナーガールジュナの考えどおりであるとされています。ツォンカパ大師は、『菩提道次第広論』の観《かん》の章で特にこのことについて詳細に述べています。

ツォンカパ大師はマンジュシュリから空性についての教えを受けたとき、それについて自分はまだ理解していないことを認め、それに対してマンジュシュリは、チャンドラキールティの著作を読むようにと指示したそうです。その後、ツォンカパ大師は善行《ぜんぎょう》を重ね、勉学を積み、その結果多くの論書を著しました。

ナーガールジュナの『根本中論』は、言葉どおりの注釈としてはチャンドラキールティ著『浄明句論《ウマ・ツィクセル》』があります。これはサンスクリット語で『プラサンナパダー』と呼ばれています。同じく『根本中論』に対するツォンカパ大師の注釈は『正理大海《リクペー・ギャツォ》』です。また、『根本中論』のさらに詳細な解説としてチベットで非常に重視されているのはチャンドラキールティ著『入中論』です。この『入中論』の具体的な注釈として、ツォンカパ大師の『中観密意解明《ウマ・ゴンパ・ラブサル》』があります。

数多くある論書の中からこれらを学ぶことは非常に重要です。そうすることによって、『般若経』の真意、仏陀の教えの真意、またナーガールジュナの著作の意味するところを正しく把握することができると考えられます。

ちなみに、「帰謬論証派」は「プラーサンギカ派」、「自立論証派」は「スヴァータントリカ派」と、サンスクリット語由来の言葉も使われていますが、これらはチベットで使われ始めたもので、インドにはこのような言葉の使い方はありません。ツォンカパ大師はこのような言葉の使い分けを正しいものとして認め、それらの言葉の意味する内容を整理し、「ラムリム」などの著作にまとめています。

正しい論書を読む

正見について学ぶときには読む論書が正しいものであるかどうかが最も重要です。チベットには多くの修行者や学者による空の思想に関する著作がありますが、正しさと明解さの両面からみて、ツォンカパ大師の著作はきわめて優れたものです。ですから、ナーガールジュナをはじめとする仏子、アーリヤデーヴァ、ブッダパーリタ、チャンドラキールティといったインドの大学僧たちが著した論書に関するツォンカパ大師の注釈書に従って学ぶことは非常に有効です。論書は正しいものであっても、読む側が正しく理解できるかどうかはまた別問題ですが、それはあくまでも第二のポイントであって、まず第一に正しい論書を選んで読むことが重要です。

『入中論』には、「ナーガールジュナの説く思想からはずれていれば正しい思想ではない」と書かれています。「それ以外のものは単なる世俗であり、そこには本当の意味の解脱や寂静を得る術はない」と。またアティーシャも、「ナーガールジュナの弟子はチャンドラキールティであり、その流れの秘訣によって空性の真理を理解することができる」と述べています。甚深なる空性の見解を理解することは、顕教・密教を問わず必要不可欠です。

無我は何を否定しているのか

インドの仏教哲学思想の流れとして四大学派がありますが、そのうちの説一切有部《せついっさいうぶ》と経量部《きょうりょうぶ》は、思想レベルとしては高いものではありません（とはいえ、これについてもよく理解する必要があります）。四学派のいずれも無我を認めていますが、説一切有部と経量部の二学派は、あらゆる存在が「常住《じょうじゅう》」で、「単一」で、「自在」であることを否定します。つまり、全く変化せず常に同じ状態で、他と全く関係なく単一で、それ独自に存在しているものを否定し、そのようなものは存在しないことを無我とします。これは、唯識派や中観派に比較すれば非常に粗い考え方です。

次に、唯識派は能取《のうしゅ》（認識の主体）と所取《しょしゅ》（認識の対象）は離れたものではないという立場に立ちます。自分の心と無関係に存在しているような外側の事物（外境《げきょう》）はなく、外境はすべて心によって薫習《くんじゅう》されたものが現われたものと捉えます。ですから、唯識派は、心と関係なく外境がそれ独自で存在していることを否定します。中観派に比較すれば、これもまだ微細さに欠ける見方です。

あらゆる存在が無我で独自に存在していないと認めるのはそれほど難しいことではありませんが、重要なのは、そのようにあらゆる存在に自性《じしょう》はないと否定した結果、そのものが「ある」か「ない」かが絶対的ではない微妙な状態となるか、あるいは単純に否定しただけの絶対的に「ない」状態となるかです。

そこで出てくるのが中観派の見解です。中観派では帰謬論証派も自立論証派もともに、あらゆる存在は無自性であるとして、諸法の自性を否定します。

しかし、自立論証派は、そうであっても諸法の在り方は心と関係があり、正しい心によって設定されたものは、それ自体として、自性として、自相《じそう》として存在する、と捉えます。ここでいう「自性」とはそのものの上に付け加えられた実体性のことです。また、「自相」とは、それ自身の側で成立している固有の性質や作用のことです。つまり、諸法は勝義としては無自性であるけれども、正しい心によって設定されたものは世俗的にはそれ自体として存在しているように見えるし、実際にその在り方はそのものの自性や自相に一致すると考えます。したがって、自立論証派は、正しい心によって設定されていない諸法の在り方を否定します。これは、説一切有部、経量部、唯識派と比較すれば非常に微細な見解かもしれませんが、帰謬論証派からみればこれもまだ本物とはいえません。自立論証派の考え方で納得できるようであれば、まだ真理に通じていないことになります。

さて、それでは帰謬論証派の見解はどのようなものでしょうか。諸法は、ただ単に分別《ふんべつ》したことによって、あるいは名前を付けたことによって、仮にそのように設定されただけであって、分別して名前を付けた側と関係なく、それ自体として本来から独自に存在しているのではない、というのが帰謬論証派の見解です。つまり、分別して名前を付けた側と関係なくそれ自体で存在しているような諸法の自性を否定します。

自立論証派との違いは、勝義・世俗の区別なく、どのような状態においても諸法はそれ自体として、自性として、自相として存在しておらず、ただ分別によって、あるいは名前を付けたことによって仮に設定されているだけであるとする点です。表現を変えれば、帰謬論証派によれば、諸法は自性はないけれども存在している、すなわち、「諸法に自性がないこと」と「諸法が存在すること」の両方が同時に成立しうるということです。

この中観帰謬論証派の見解がナーガールジュナの思想に一致する真の空性を示すものです。これこそが『般若経』の内容であり、お釈迦様の意図でもあります。これ以外の考え方は諸法の真実の在り方を示すものではありません。

本文 10-b

そのために縁起（あらゆる存在が他に依存して成立すること）を了解する方便を尽くすよう努めるべきだ。

三種類の縁起

本文10は、結論として縁起を理解する方法に努めるようにと述べています。その方法にはいくつかの種類がありますが、ここでは主に因果関係の法則を学び、それを信頼することを示唆していきます。因果関係の法則は、学べば学ぶほど、それに対する信頼や確信が強くなっていくものです。

この偈では、「空性を理解する方法」と書かれていないところに大きな意味があります。それによって、ここでの「縁起」の内容は違ってきます。

縁起はどの学派でも認めていますが、それには三種類の意味があります。一つは、原因と条件に依存した「因果関係の縁起」、二つ目は、部分が寄り集まり依存し合って全体ができているとする「部分と全体の縁起」、三つ目は「相互縁起」です。中観帰謬論証派以外の学派は、因果関係の縁起を主なものとしていて、相互縁起という考え方をしません。そのような意味で、考え方の範囲が最も広く優れたものが中観帰謬論証派の見解です。

一般に、学派を問わず、あらゆる存在（一切法《いっさいほう》）は「無常のもの（有為法《ういほう》）」と「常住のもの（無為法《むいほう》）」に分類されます。「無常のもの」とは原因と条件によって変化する存在、「常住のもの」とは原因や条件によって変化しないもので、虚空や滅諦や涅槃などがその例です。

説一切有部や経量部では、縁起といえば無常に関連した因果関係の縁起のみで、常住に関連した縁起は考えられていません。これに対して、唯識派や中観自立論証派では、因果関係の縁起に加えて、部分と全体の縁起も認めています。部分と全体の縁起は無常のものと常住のものの両方に認められる縁起です。

そして中観帰謬論証派は、これら二つの縁起に加えて、さらに相互縁起を認めています。これは、因と果の関係や部分と全体の関係ではなく、たとえば対象とそれに対する分別（概念）や名称が、相互に依存し合う関係において諸法が存在しているとする縁起です。この考え方は中観帰謬論証派のみが認める非常に微細なものです。

段階を追って縁起を理解する

しかし、この偈は、中観帰謬論証派の解釈による縁起、あるいは空性を理解するための方法について述べてはいません。その理由は、帰謬論証派の思想の特徴である相互縁起より先に、一般的な因果関係の縁起をまず理解することが効果的だからです。帰謬論証派以外の考え方は、思想のレベルとしては高くないとしても、それを理解すれば虚無論《ニヒリズム》に陥ることを回避できる利点があります。そしてまた、まず因果関係の縁起を正しく理解できなければ、空性を正しく理解することもできません。というのは、因果関係の縁起をさらに微細かつ甚深に考察していった結果として出てくるものが相互縁起だからです。したがって、まず因果関係の縁起を理解することから始めて、さらに微細なレベルへとその理解を深めていくことが重要であると、ここでは説いています。

本文 11

輪廻と涅槃（迷いと苦しみから解放された世界）の
諸法（さまざまな存在）一切の因果は常に偽らぬと観じつつ、
縁ずる依処（実体として認識される対象）は何であれすべて滅したとき、
それこそ仏陀がお喜びになる道へ入ったのである。

空の見解を得る道筋

この偈は、見解が成立する道筋を示しています。「諸法」の「法」は仏・法・僧の法だけを意味するものではなく、二行目の「諸法」は「存在」という意味です。このような存在のある場所は輪廻だけではなく、涅槃も含まれます。今私たちの目に見える色や形をもつ物質的な存在から目に見えない一切智智のような存在まで、あらゆる存在はそれぞれ多くの要素によって成り立っていて、それ単独で独立的に存在しているわけではありません。したがって、そのような中で善い行ないをすれば楽を得、悪い行ないをすれば苦しみを得るという因果関係は、世俗（言説《ごんぜつ》）として偽りのない真実です。

縁起とはすなわち、あらゆる存在は自性によって成り立っておらず、原因や条件に依存して存在しているということであり、あらゆる存在は自性がなく縁起によって成り立っているからこそ、因果関係の法則は偽りがなく正しいといえます。そのようなことを理解した結果、起こることのすべてに原因と条件があるとわかれば、どのような対象も本来より自性によって存在していると捉えることはなくなるはずです。

もし諸法が自性によって存在しているとすれば、実際に今この世界に起こっていることの多くに矛盾が生じる結果となるでしょう。たとえば若者が老人になることはなく、幸せな人が不幸になることもなく、不幸な人が幸せになることもないはずです。人間が転生して動物になることもないでしょうし、そうなると衆生が仏陀になることもありえません。けれども、実際には、あらゆる存在は自性によって成り立っていないからこそ、一切智智も可能になります。そのように、それ単独で独立的に存在している実体は砂粒ほどもないと理解することが「仏陀がお喜びになる道」であり、

「縁起」と「あらゆる存在に自性がないこと」の二つが手の表と裏のように一つのものとして理解できれば、空性を理解することができます。

物事は名前を付けたように存在する

あらゆる存在、すなわち諸法は、分別によって名前を付ける側と、名前が付けられる側の二者によって成り立っています。

たとえば生き物は、心と身体の二種類の要素が寄り集まって存在していますが、そのようにいくつかの要素が寄り集まったものに対して、分別によってこちら側から一つの名前を付けたために、その名前のように存在しているにすぎません。そのように仮に設定されただけの対象に対して私たちは依存して執着します。

付けられた名前に関係なく、本来からそれ自体として独立的にあるような存在の在り方はどこにもありません。たとえば、「大臣」という名称があります。この名称は、それになる人物がいなくては意味がありません。しかし、もし現在の大臣に、本来から大臣という自性があって名前が付いているとすれば、その人は生まれながらにして大臣であり、永久に大臣でなくてはなりません。もしも、そのように自性によって本来から存在しているのであれば、名前を付ける必要もないでしょう。

これは、何かの物体や私たち人間を例にとっても同じです。たとえば、今、「月」と呼ばれているものに「洋服」という名前を付ければ、「月」はその時点から「洋服」にもなりうるでしょう。

正しく名前が付けられるための三つの条件

では、そのように名前さえ付ければ、たとえば「月」を「洋服」と呼んでもよいかといえば、それはまた違います。あらゆる存在は分別して名前を付けただけとはいえ、それなら勝手に分別したとおりに現実があるかといえばそうではなく、その対象と名前の間にはある程度の正しい関係が必要です。

対象と名前が正しい関係にあるためには三つの条件が必要です。第一は、世間的に定着した一般常識からはずれていないこと（世間極成《せけんごくじょう》）です。たとえば、世間の一般常識として、すでに「月」と呼ばれているものを突然、「洋服」と呼ぶことはできません。

第二は、世俗的に定着している正しい認識に照らして矛盾がないこと（言説の量によって得られること）です。たとえば、瞼を押さえつけた後に夜空の「月」を見上げると「月」が二つに見えることがあります。たとえそのように見えたとしても、実際には「月」は一つしかないので、「二つの月」といえば矛盾になります。

第三は、勝義の次元で分析・考察した正しい論理と矛盾しないこと（正理知の量によって否定されないこと）です。たとえば、夜空の「月」を永遠にそのように存在し続ける絶対的な存在と思っても、実際には「月」は自性によって存在しておらず、無常であり、遥かなる未来においても永遠に同様な状態で存在しているとはいえません。したがって、「自性として存在する月」は正理知の量によって否定されるものであり、それがあるといえば矛盾になります。

「否定すべき私」と「単なる私」

それでは、「私」と呼ばれているものについてはどうでしょうか。ある人は身体や心を「私」と思っているかもしれません。また、身体や心とは別に「私」というものが独立的に存在すると思っている人もいるかもしれません。けれども、実際には身体と心の寄り集まった状態に対して、分別によって固有の名称を付けて「私」と呼んでいるだけであり、自分で思っているような絶対的な存在としての「私」はいくら探してもみつかりません。

なぜなら、そのような「絶対的な私」はそれ自体として存在しない「否定すべき私」だからです。それなのに、本来から存在する絶対的な「私」があると思っているので、その「私」が感じる好き・嫌いなどの感情も絶対的であるかのごとく現われてきます。

そのような心は我執《がしゅう》であり、始まりのない過去から続いている無明《むみょう》によるものです。私たちが輪廻する根本は無明すなわち我執であり、その我執が捉えたものに私たちは執着し依存しています。たとえば、暗闇で縄を蛇と勘違いして縄に蛇という名をかぶせて、自分がそのように分別したことに気づかないまま縄を蛇と思い込んでいても、そのような誤った見方によって自性を付け加えた対象は否定すべきものです。指さす先は縄でありながら、その縄を蛇と思い込んでいるこの例のように、「私」を指さしながら、その私の内容は「否定すべき私」になってしまっているのです。

この場合、縄そのものは否定すべきものではありません。けれども、それが蛇として現われ（見え）、それに恐れを抱いたり執着したりするようになると、否定すべき対象となります。つまりここでは、「本当にあるもの（縄）ではないもの（蛇）」、すなわち「自性によって存在するもの」を否定しています。このように、「自性による独立的な存在としての私」のない状態が「無我《むが》」です。

しかし、そのように無我であっても、「単なる私」はないとはいえません。「名前が付けられたことによって存在しているだけの単なる私」はあります。チベット語で「人無我」を「ダク・メ」というとき、「ダク」は「我あるいは私」で、それを「メ」で否定していますが、この場合の「ダク」は、「単なる私」ではなく「否定すべき私」です。このような否定すべき私（我）を肯定してしまうのは、無始以来の無明のせいです。このような状態が果てしなく連鎖していくのを断ち切るためには無我を理解する智慧が必要です。

チャンドラキールティは、「あらゆる物事には他のものによらずに独自に存在する我はないということが無我である」と述べています。これは、世俗においては、たとえば「A」と名付けられる対象（客体）と、そのように名付ける側（主体）があり、そのような二者の関係によって、「A」と名付けられたから「A」という対象が存在しているだけである、ということです。このように、あらゆる存在は他と依存し合って存在しているのに、それらが他と関係なく独自に存在しているものと分別してしまうのは無明のせいです。

あらゆる存在は自性がなく無我であるのに、そのものがそれ自体で独自に存在していると分別してしまうとすれば、そのように分別されたものは幻や夢のようなものです。幻や夢は実物ではないという意味で、このような場合の喩えとしてよく使われます。

ここでは、自分が真実として捉えている対象に対して分別を働かせるのではなく、そのような現われ（対象）に捕われてしまう自分の心のほうを分別し、観察・分析しなくてはなりません。対象の自性を否定できないまま、それに捕われてしまうような状態をなくす必要があります。

本文　12

顕現（現われたこと）の因果に偽りがないことと、
空（あらゆる実在に実体がないこと）を認めるという、
これら二つの離れた理解が個別に現われている間は、
未だ牟尼（釈尊）の密意《みっち》（真意）を了解していない。

空性の理解が不完全な状態

この偈は、見解が不完全な状態について述べています。十分に修習した結果として生じる顕現においては、縁起と空が互いに矛盾することはありません。顕現とは、現われているもののことですが、現われているすべての存在は縁起していると同時に空でもあります。

したがって、縁起と空のどちらか片方だけを理解しているのでは不完全です。この二つが一つの対象において矛盾した関係、たとえば「暑さ」と「寒さ」のような正反対の関係にあると感じられるようであれば、「牟尼の密意」、すなわちお釈迦様が意図する究極的な真理をまだ知らない、見解が不完全な状態です。

ここで示されているような、現われに対する不完全な見方（見解）を、たとえ他学派では認めることがあったとしても、中観帰謬論証派では認めません。本当の意味で深く空性を理解するためには帰謬論証派の見解によって理解することが重要です。

本文 13

いつか交互にではなく同時に、
縁起に偽りのないことを観じるのみで
信念をもって境《きょう》の執し方（対象を実体として把握する習慣）をすべて滅するなら、
そのときこそ見解《けんげ》の伺察《しさつ》（分析）は究竟《くきょう》するのである。

空性が完全に理解できた基準

空性が完全に理解できたかどうかは、この偈の内容どおりであるかどうかです。この内容どおりであれば、ツォンカパ大師の見解という面でも、牟尼の意図という面でも、空性についての正見が得られたことになります。

多くの要素がさまざまな条件によって寄り集まって成立しているある状態は、一つの全体として最初から独自に存在していたかのように見えてしまいますが、あらゆる存在は分別によってただ一時的にそのように見えているだけ、すなわち仮に設定されただけです。しかし、そうであるからこそ、それは縁起であり、縁起においては偽りがありません。

我執あるいは対象に捕われた状態というものについて完全に理解できている立場からみれば、空とは縁起に他なりません。縁起しているということは空であり、空であれば縁起として現われます。つまり、「現われていること」と「空であること」の二つは、一つの対象において矛盾がなく、「交互にではなく同時に」あることができます。すべては名付けたように存在しているだけであり、善なる行為であれ不善なる行為であれ、すべては縁起であり、それらを分析すればいずれも自性がなく空です。

ある聖者は、「縁起の核心を知るならば、真の空性が自ずと理解できる」と述べています。これは、空性が真に理解できたときには自ずと縁起の理解も生じるということです。すべての存在は究極的な意味において「ない」、それ自体として「ない」、自性として「ない」、ということはすなわち、「縁起している」ということです。このように、一つの対象において空と縁起の二つを同時に矛盾なく設定できるというのが帰謬論証派の見解であり、ナーガールジュナが説いた真実の空性の見解です。これについては直観的に理解することが可能です。

本文 14

さらに、顕現〔に実体がないこと〕をもって
有の辺（存在に実体性を認めるという極端論）を排し、
空〔であるものが幻のごとく現われること〕をもって

無の辺（存在が全くの無だという極端論）を排し、
このように空性が因や果として現われる道理を知るならば、
辺執見《へんしゅうけん》（極端論に執着する見解）に捕われなくなるだろう。

中観帰謬論証派《ちゅうがんきびゅうろんしょうは》の見解の特徴

この偈は、中観帰謬論証派の見解の特徴を述べています。中観帰謬論証派以外の思想であれば「顕現をもって無《む》の辺を排し、空をもって有《う》の辺を排す」となるところですが、ここではちょうどその反対になっています。

帰謬論証派の見解によれば、縁起によって何らかの対象は現われますが、どのような対象であっても、それが現われである限り、そこには堅固な実体はありません。つまり、顕現しているあらゆる存在は、どの側面からみても自性として成り立っていないことによって、勝義における「有の辺を排す」、すなわち勝義において自性として成立している何らかの実体があるとすることを否定します。そのように、現われているあらゆる存在は自性がなく真実ではありませんが、その「自性がない」ということもまた空であることから、世俗における「無の辺を排す」のです。つまり、世俗において「ない」ということもまた「ない」と否定した結果、「ある」ということになります。

帰謬論証派以外の考え方によれば、存在するものには自性による何らかの真実（実体性）がどこかに残ることになります。これに対して、帰謬論証派の見解では、「存在しているからといって自性がある（真実である）とはいえないけれども、分別して名前を付けただけの状態として物事は存在する」となります。これが顕著な特徴です。

空を証明する最大の論拠となる縁起

「無我」や「空」を証明するための論理的根拠は数多くありますが、その中で最も優れた王者のような論拠は縁起です。すでに述べたように、ある名称の付いた一つの対象は、多くの要素が寄り集まって全体として一つのものとなっています。たとえば、身体が弱く足腰の弱った人は杖や他の人に頼らずに自分だけの力では立ちあがることができません。それと同様に、それそのものの自性によって独立的に存在しているものは何一つなく、あらゆる存在の状態は縁起によって生じています。この縁起という考え方によって、あらゆる存在は、空であることが論理付けられます。

チャンドラキールティは、「縁起の論理によって邪見の網をすべて断ち切ることができる」と述べています。しかし、中観派以外の見解では縁起という理由だけで十分に空を証明することはできないかもしれません。というのは、「自性としてない」という意味を「そのものが完全に存在していない」と捉えてしまう場合があるからです。かつて、チベットの学僧たちの多くも、「自性としてなければ、そのものは完全に存在しない」と誤って捉え、虚無論に陥りました。そしてまた、「自性としてなければ縁起も成り立たないはずであるから、縁起しているということは自性があるはず」と考え、実在論というもう一つの極端に陥った人たちもいました。これに対して、中観自立論証派は、「縁起しているからといって自性がないとは限らない」と捉えます。これは、説一切有部、経量部、唯識派などと比べれば思想的に深いものですが、中観帰謬論証派と比較すればまだ実在論に片寄った状態です。

「縁起」という用語は、単語としては同じであっても、その意味する内容は各学派によってそれぞれ微妙に異なるので、注意が必要です。

空と縁起を理解するための四段階の考察

中観帰謬論証派では、諸法は自性によって存在しないと認めても、そのものが完全に「ない」ということではなく、言説（付けられた名前やそれに伴う概念）によって仮に設定されたものとしては「ある」と捉えることは前に述べましたが、これは、次のような四段階の考察によって詳細に理解することができます。

1　自性によっていなくとも、
2　完全に「ない」ということではない。
3　言説によって存在していても（ただ仮に設定されたものがあっても）、
4　自性が「ある」わけではない。

中観帰謬論証派以外の見解では、この四段階の分析において矛盾が生じるといわれていますが、「顕現は自性によって存在していない。なぜならそれは縁起であるから」という帰謬論証派の考え方によれば、実在論と虚無論の二つの極端に陥ることを回避できます。つまり、諸法は自性によって存在していないことによって勝義における「有」の辺を除き、空であっても縁起によって諸法が生じることによって世俗における「無」の辺を除くことができます。

「あらゆる存在は自性によって存在しておらず、縁起によって存在している」という論拠によってなぜ「有」と「無」の両極端を除くことができるのかについて、ナーガールジュナの『根本中論』には次のようにあります。

およそ、空であることが妥当するものには、一切が妥当する。
およそ、空〔であること〕が妥当しないものには、一切が妥当しない。
（三枝充悳訳注『中論』（下）第三文明社・レグルス文庫　六四五頁）

これは、ある一つの対象の空性が認められれば、あらゆる対象が認められる、というような意味になります。このように、「有」と「無」の両極端に陥らずに、「自性としてない」「それ自体としてない」という表現の正確な意味を知ることは重要です。

私たちは通常、「自性としてあるなら、必ず存在する」と自動的に考えてしまうのは、あまりにも強いそのような考え方の習慣や、それに対する執着があるために、無意識にそうなってしまうからです。経典や論書などを学び、「諸法は現われてはいても、自性をもって存在してはいない」と頭で理解し口でいったとしても、心は依然として「自性としてある」ことに捕われているので、現実的な行動もそれに基づいたものとなってしまうのです。

『般若心経』の真意

空性をよく理解できれば、『般若心経』の「色即是空《しきそくぜくう》、空即是色《くうそくぜしき》」の意味もよく理解できるようになります。『般若心経』のこの一節は、直訳すれば「色は空であり、空は色である」となります。これは、「縁起は空であり、空は縁起である」という意味なので、言葉を換えれば「私は空であり、空は私である」ということでもあります。

「色即是空」の「空」という用語は、「否定すべき私あるいは我」が、「空である」すなわち「ない」という意味です。さらに厳密には、「色の空は空であり、空の空は空である」という意味です。つまり、「空なるもの」といえばそれをまた実体視し、そこに何か「空なるもの」という実体が存在するのかと思うかもしれませんが、そのようなものは何一つ見出されません。

しかし、だからといって、世俗一般のすべての人々や物事が全く「ない」ということではありません。たとえば「私は空であり、空は私である」というときの「私」は「自性のない私」のことです。この「自性のない私」を「自性のある私」として捉えているのが一般的です。けれども、いくら探してみても、この「私」なるものの自性を見出すことはできません。「私」は究極的に空だからです。しかし、そのように空であれば完全に「ない」のかといえば、今そのように考えている「私」は現に存在しています。ただし、その「私」は、普段自分が思い込んでいるような絶対的で独立的な存在ではなく、「私」という言葉によって仮に設定されただけの「単なる私」です。そのように仮設された「単なる私」を成り立たせているものが縁起です。縁起によってそのように存在してはいるけれども、本来は空であるところの存在が私だということになります。

ツォンカパ大師の空性理解にまつわる逸話

ここで、ツォンカパ大師の空性理解に関する逸話を紹介しましょう。伝記によれば、ツォンカパ大師は幼い頃より優れた人物だったそうです。幼少時から密教にも関心があり、チュージェ・トゥンドゥプ・リンチェンをはじめ、サキャ派のレンダワ・シュンヌドゥプ（一三四九〜一四一二）など、多くの優れた上師より教えを学び、学問を修め、三十一歳の頃（一三八七年）にはマイトレーヤの『現観荘厳論』の注釈書『黄金鬘《セルテン》』を著しました。これがツォンカパ大師の最初の著作です。

修行の初期の頃には、ツォンカパ大師はまだ直接マンジュシュリと出会ってはいませんでした。よく知られているように、ツォンカパ大師は三十三歳の頃にオルカの山中でラマ・ウマパと出会い、そのラマを通じてマンジュシュリと出会うことになります。

ある日のこと、ツォンカパ大師はラマ・ウマパを通訳として、マンジュシュリに見解についての質問をしたそうです。その中で、「私の見解は帰謬論証派のものですか、自立論証派のものですか、どちらでしょうか？」と尋ねると、マンジュシュリは、「どちらでもない」と答え、「現われ（顕現）と空性の二つを、どちらも絶対的なものとしないで、両方を差別することのない見解を大切にしなさい」といったそうです。

ツォンカパ大師はまた、顕教と密教の教え、密教修行の中でもグヒヤサマージャなどについても質問をしました。マンジュシュリがそれらに答えたとき、ツォンカパ大師はその意味が理解できず、「わかりません」といったそうです。するとマンジュシュリは、「上師と本尊を一体とした祈願、浄化し功徳を積む修行、経典や論書の勉学、この三つに精進努力しなさい。そのような修行によって空性についての教えを理解しても、それで容易に満足することなく、そこからさらに深く考察しなさい」といったそうです。

そしてまた、マンジュシュリはツォンカパ大師に、「先の三つの要点に注意し、修行を絶えることなく続けなさい。私が今述べた教えを覚え書きとし、それを基にさらに学び修行しなさい。そうすれば間もなく正しい見解が生じるでしょう」といったそうです。

ツォンカパ大師はそれから、「懺悔《さんげ》三十五仏《ぶつ》」と呼ばれる仏陀に対する懺悔の礼拝行や、肘の骨までが剝き出しになるほどの懸命な曼荼羅供養などを行ない、その後、空性を深く理解しました。

ツォンカパ大師は、まだラマ・ウマパに出会っていなかった修行の初期よりすでに、甚深なる中観思想を理解できるようにと強く望んでいました。そしてラマ・ウマパと出会い、ラマによる通訳を通してマンジュシュリに質問し、その後対話するようにまでなり、帰謬論証派と自立論証派の見解の微細なる違いの要点を深く理解できるまで懸命に修行を重ねました。そのようにしたからこそ、仏陀や菩薩たちに実際にまみえることができるようになったのだと考えられます。

「本尊と上師を一体とする」というのは、たとえばマンジュシュリを観想し、実際にマンジュシュリに出会うことです。ただ単に出会うだけでなく、実際に対話をすることもできるという意味です。この「出会う」「現われる」ということには、いろいろな仏教的意味があります。「現われる」ということについては、ときには夢の中に、ときには意識の中に、またときには実際に目に見える状態で現われることもあります。「実際に目で見る」ということにも、五識で見る場合と第六識で見る場合があります。ツォンカパ大師は、実際の人間としての上師と弟子が会うときと同じように、目に見える状態でマンジュシュリと出会い、顕・密の甚深なる教えの一切を伝授されたといわれています。ツォンカパ大師は、ナーガールジュナなど、多くの菩薩たちとも出会い、それによって見解の要点を理解しました。

有名な話ですが、ある日、ツォンカパ大師の夢の中に、ブッダパーリタの論書を自分の手にもつという加持の印が現われたそうです。その翌日、実際にその論書を手に入れて読みました。それはナーガールジュナの『根本中論』の注釈書でした。ツォンカパ大師はブッダパーリタのその論書を読み、深く学び、それによってナーガールジュナの真の思想が正しく理解できるようになったのです。ツォンカパ大師はこの体験により、縁起を説いたお釈迦様の偉業を礼賛する書物『縁起賛《テンデル・トウーパ》』を著しました。

中観思想としては、インドであればナーガールジュナの論書以上のものはないとされていますが、それに対する注釈としてツォンカパ大師による多数の著作があります。現在では、世界の学者たちの手によりツォンカパ大師の論書の研究が多数なされ、その著書も数多くあります。

ここで紹介したのは主に中観思想に関係した逸話ですが、「ラムリム」についてもさまざまな逸話が残されています。『菩提道次第広論』を著すと決意する前には、ひと月の間ずっとアティーシャのヴィジョンを見ることができたという話も残されています。そのようにしてツォンカパ大師は、『菩提道次第広論』や『ラムツォ・ナムスム』などを著すことになりました。特に『菩提道次第広論』の観の章には、空性についての重要な見解が書かれていますが、当初それを書くつもりはなかったところ、マンジュシュリが、「是非、書きなさい。けれども、それがどのように人々の役に立つかといえば、非常に役に立つというわけでもなく、全く役に立たないというわけでもなく、その利益は中くらいです」といったとされています。

ツォンカパ大師の空性に関する主な著作

空性の見解に関するツォンカパ大師の著作には、主要な五つの善説と呼ばれる次の五種類があります。

1　『菩提道次第広論』観の章（一四〇二年）和訳：長尾雅人『西蔵佛教研究』岩波書店

2　『了義未了義《タンゲ》善説《レクシェー》心髄《ニンポ》』中観章（一四〇七年）和訳：ツルティム・ケサン、片野道雄『中観哲学の研究Ⅱ』文栄堂

3　『正理大海』［ナーガールジュナ『根本中論頌』の注釈］（一四〇七年）和訳：なし

4　『菩提道次第略論』観の章（一四一五年）和訳：ツルティム・ケサン、高田順二『中観哲学の研究Ⅰ』文栄堂

5　『中観密意解明』［チャンドラキールティ『入中論』の注釈］（一四一八年）和訳：小川一乗『空性思想の研究Ⅱ』文栄堂

ツォンカパ大師についての著作としては、ケートゥプ・ゲレク・ペルサンポ（一三八五～一四三八）の著書『秘密の伝記』などの複数の伝記があり、その中にもマンジュシュリとの出会いに関する重要な内容が述べられています。

ある見方では、ツォンカパ大師は実はマンジュシュリそのものであるともいわれています。ツォ

ンカパ大師の誕生にまつわる次のような逸話が伝記に残されています。ヤマーンタカの修行をしていた学僧チュージェ・トンドゥプ・リンチェンは、あるとき東チベットでマンジュシュリと出会い、夢の中で「来年のこのくらいの時期に、私は普通の人間として再び訪れる」と告げられたそうです。そして、ちょうどその時期にツォンカパ大師が生まれました。ツォンカパ大師の両親は経済的にあまり豊かではなかったので、チュージェ・トンドゥプ・リンチェンはツォンカパ大師の両親に多くの家畜や財産をおくり、清潔にして大切に育ててくれるようにと願いました。

三歳頃からすでに密教の灌頂を受けていたと伝えられていることなどからも、ツォンカパ大師はマンジュシュリが人間の姿をとって現われた人物として考えられています。これについては、ケートゥプ著『秘密の伝記』にもいろいろな話が残されています。

過去の聖者たちに習う

ツォンカパ大師の伝記にも示されているとおり、修習《しゅじゅう》せずに学問だけを追究する学者のような姿勢では、どれほど多くのことを勉強しても虚無論や実在論に陥る危険があります。自分は知識があると誇る心から他者を見下し、自分がどのように誤った見解に陥っていても、それを正すこともできない状態とならないように、よく注意してください。特に空性を学ぶときには、正しい経典や論書に従い、学問と同時に功徳を積み、浄化し、上師と本尊を一体とした祈願をする必要があります。

お釈迦様やツォンカパ大師のような聖者たちは、私たちに修行のやり方を示すために、その人生の軌跡を通じて「見せかける」ことがあります。私たちの手本となるように、伝記に残されているような苦行や修行をあえて行ない、あるべき修行者のモデルとなって見せ、あとに続く修行者たちがそれに倣って一生懸命に修行をするようにと教えているのです。

ダライ・ラマ法王もいつもいいますが、仏陀や菩薩たちに直接出会えばすぐに覚れると思うのは間違いです。マンジュシュリと直接出会えるほどのツォンカパ大師でさえ、さらに学び修行するようにといわれて懸命に精進努力しました。

たとえば形だけ本尊の修行を行なっても、教えの完全な理解が自分の中になければ、あまり意味がありません。単に本尊に出会って頼るのではなく、教えを正しく学んで理解し、実際に自分がそれを実践することです。たとえマンジュシュリから教えの細部まで授けてもらうことができたとしても、聞いた側が理解できなければどうにもなりません。

空性を正しく理解することは難しく、ときに誤解を生じる危険もあります。しかし、一心に学べば、ある程度の確かな理解や判断は可能になります。これに比べて、菩提心は、最初はある程度起こしやすいように思われても、それを育み続けていくのは非常に難しいことです。菩提心のほうが空性を理解することよりさらに難しいかもしれませんが、だからといって空性を理解しないままただひたすら菩提心だけを修習しても不十分です。そしてまた、空性を理解しても菩提心がなければ不十分です。そもそも菩提心を欠いた修行は大乗仏教とはいえません。大空を飛翔する鳥に二つの翼が必要であるように、菩提心と空性理解の両方が揃わなくてはならないのが大乗仏教です。

方法を間違えれば結実しない

修行でも勉強でも、ただ単に一生懸命に行なえばよいというものではなく、そのやり方が正しいかどうかが非常に重要です。努力の方向が正しくなければ、いくらがんばってもそれが実を結ぶことはありません。

まず、教えとして間違いのないものに触れることが大切です。めざすものが仏陀であっても、その教えが仏陀へ至る道から外れていれば、目的地から遠ざかるだけです。それではまるで行き先の違う電車に乗ってしまうようなものです。また、自分では正しい道を歩いているつもりでも、気がつかないうちにずれていっていることもあります。自慢や無知のせいで、自分のやり方の間違いに気づかないこともあるので、自分の行動や修行を謙虚によく観察しチェックすることが大切です。

トクメー・サンポの『三十七の菩薩の実践』にも次のようにあります。

> 自らの錯誤を自らが正さないなら
> 行者が非法をおこなうことになりかねない
> それゆえ、常日頃より過ちを見抜いて捨てる
> それが菩薩の実践である

（ソナム／藤田共訳『ダライ・ラマ　生き方の探求』春秋社　一三一頁）

Ⅵ　三要訣を理解し成就する秘訣

結語　15

そのように、
「道の三要訣」の諸要点を自ら如実に了解したときは、
寂静処へ身を寄せて精進の力を発揮し、
究極のめざす境地を速やかに成就せよ。

我が子（弟子）へ……

三要訣を理解した後になすべきこと

『ラムツォ・ナムスム』の心髄は、聞・思・修それぞれの結果として生じる三慧《さんえ》によって理解します。「聞」によって得た知識は「聞慧」に、「聞」で得た知識についてさらに考える「思」によって生じた理解が「思慧」になり、そして、これら二つの智慧を土台にさらに自らの心と前述の二つの智慧をなじませた結果として生じる理解が「修慧」です。ですから、出離、菩提心、正見について、まず聴聞し、知識を得る必要があります。聴聞せずに何の予備知識もないまま、たとえば正見について瞑想しようと努力しても、空性を理解する智慧は生じにくいと考えられます。

この三慧によって『ラムツォ・ナムスム』の内容を深く理解・納得したときには、今生に対する執着を断ち切り、現世利益に全く捕われない状態をめざします。物質的に満たされたいという気持ちがなくなり、足ることを知れば自分のためだけに物事を行なう状態が少なくなってきます。そうしたなら「寂静処」で静かに精進します。可能であれば洞窟のような静かな場所が望ましいかもしれませんが、自分の住まいでもよいでしょう。

その目的は、自分のこの人生の豊かさのためではなく、すべての生き物のために究極的な境地を得ることです。そのために、決して怠けず、怠惰の対治として精進努力し、究極的な目的を速やかに成就するために修行を続けます。

この結語15の偈はすべての修行者にとって有効な内容ですが、ここでは特に『ラムツォ・ナムスム』を学ぶ人たちへの教誡《きょうかい》として述べられています。その秘訣は、『ラムツォ・ナムスム』すなわち「三要訣」に従うことです。最初に述べたように、これはツォンカパ大師独自の考えではなく、マンジュシュリの教えであり、さらにはお釈迦様のあらゆる経典の要約でもあります。

内面の静けさを保つ

「寂静処」については、自分の今いる環境に修行の邪魔になるような騒音や賑わいがあって外側の静けさが保てないときには、その場所を離れるようにします。けれども、修行のために別の土地に行っても、そこでまた多くの友だちができるようであれば意味がありません。友だちも必要ですが、それがまた邪魔になることもあります。親族や友人、あるいは嫌な人や敵などがいると、修行をしたい気持ちがあっても、その人たちの世話や付き合い、いざこざに時間を取られて、思うように精進努力することができません。「静かな場所に行く」あるいは「故郷を離れる」という意味は、修行の邪魔になるものから離れることです。

けれども、外側の静けさよりさらに大切なことは内面の静けさです。心を静かに保つことは非常に重要です。それは、煩悩すなわち世間八法による分別や打算から離れることでもあります。

善を喜び善に向かう

騒音から離れて静かな場所に行ったなら心を一つに集中させて精進努力します。ここでいう努力は、単にがんばることではなく、シャーンティデーヴァが述べているように、「善に対して喜ぶこと」です。善とは解脱や一切智智に向かう心なので、単に仕事でがんばるのはここでいう努力には当たりません。自分が望む仏陀の境地が得られるまで喜びをもって精進努力することです。

私たちはいつまで生きていられるかわかりません。死は間違いなく訪れます。ですから、すぐに修行を始めなくてはなりません。すぐ始めるといっても、真言などをたくさん唱えて本尊に早く出会うようにというようなことではありません。ダライ・ラマ法王もよくいいますが、修行をすればすぐに覚りを開くことができると考えるのは早計に過ぎます。『本生譚《ジャータカ》』にもあるとおり、お釈迦様は菩提心を起こしてから無数なる生にわたり修行をしました。私たちも、今生だけでなく今後何万生にもわたって修行していくのだと思ったほうが間違いがありません。

その修行とは、聞・思・修を続けることです。「ラムリム」の心髄である『ラムツォ・ナムスム』を体験するまでこの修行を続けるのだという気持ちで、長きにわたって精進することです。

道の歩み方を示す三つの言葉

カダム派のゲシェー・トルパは、「ラムリム」に説かれる菩提道を次のような三つの言葉で表現しました。

視線を遠くにはせること
心を広く保つこと
腹をどっしり据えること

「視線を遠くにはせる」とは、遠い目的である仏陀の境地を見据え、それに至るまで修行を続けようという意志をもつことです。

仏陀の境地を成就するためには、「ラムリム」に説かれる三士の道を経て密教に入り、生起次第そして究竟次第という順番で進みます。たとえばAならAという特定の名が付いた人の人生は今回一回だけですが、その心の連続には終わりがありません。心はずっと続いていくので、それが続く限り修行をしていくという意味では、気短にならず遠い先を見据えて気長に構えることが必要です。一カ月や一年といった単位ではなく今生いっぱい、今生でできなければ来世、それもだめならそのまた次の生でというように、果てしない時の流れの中で考えることが非常に重要です。修行といえば、とにかく速く楽な方法をと思いがちですが、菩提を得るためには長い時間が必要であることを念頭に置いて取り組まなくてはなりません。

シャーンティデーヴァは次のように説いています。

「どうして私に菩提が得られるだろう」と怠惰になってはならない。次のように、如来は真実のことばでこの真実を教えられた。

蚊や蝿や虻とそのような虫などであっても、彼らも努力の力をおこせば、得難い無上なる菩提を得ることができる。

私のように人間に生まれた者は害や利益を認識できるのだから、菩薩行を捨てないならば、どうして私に菩提を得られないことがあろうか。

（ソナム／西村訳註『入菩薩行論』大法輪閣　一二三頁）

人間であれば、何が有益で何が有害かの判断はつくはずです。そうであれば、一切衆生のために菩提を得ることなど自分にはできないと思わず、何としても得なくてはならないと勇気を奮い起こすことです。菩薩とは勇気ある者のことです。勇気がなければ菩提を得ることはできません。そして、できるかできないかは、能力の問題ではなく、自分がやるかやらないか、精進するかしないかにかかっています。これが第二の「心を広く」の意味であり、広い心で修行をしていくようにということです。

第三は、自分の心をゆったりとさせ腹を据えて行なうことです。これは、河の流れのように途切れることなく精進努力し続けていく意志をもつことです。

このように修行し続けていけば、有暇具足の心髄を得ること、すなわち人間の中に潜在する可能性を最大限に活用することができます。

この『ラムツォ・ナムスム』は、聞・思・修の聞を多くなしたツォンカパ大師が、いとこのツォコ・プンポ・ガワン・タクパに授けた教えです。

Ⅶ　まとめ

五つの捕われから離れて心を法のとおりに

仏教の教えは単純ではなく、詳細に説こうとすれば時間がかかりますが、その意味するところは出離、菩提心、正見の三つに集約されます。出離や菩提心をきちんと修習しないままで、「教えが良くない」「方法が良くない」「何も変わらない」などというとすれば、仏教の心髄と修行の技法が全くわかっていない状態です。

かつて、カダム派の人々は、「修行者であれば誰でも、修習すべき本尊の一つや唱えるべき真言の一つはもっているものだが、それらが必ずしも修行になっていくわけではない」と述べました。たとえばターラ菩薩の灌頂を受けた人であれば、ターラ菩薩の真言を知っています。しかし、いくらその真言を唱えていても、それが本当の修行になっていかないのは、教えの本当の内容や意味を何も深く理解していないからだというのです。これは、三要訣が揃っていないということでもあります。

三要訣を自分自身の心に実際に体験することができれば、心が法のとおりになり、身・口・意のすべての行為が修行そのものとなり、その後はすべての善根《ぜんこん》（未来に善い結果をもたらす原因となるさまざまな善行）が自ずと解脱や一切智智の原因となっていきます。

ここでいう「法」とは道のことですが、その道に障害がないようにするために、具体的にどのようにすべきかを説明すると次の五つになります。

1　これまでのやり方をやめ、現世利益や今生の現われに捕われない
2　来世に捕われず、輪廻に捕われない
3　我執に捕われない（我執の対治として無我を理解する）
4　自己愛着に捕われない
5　肉体などの通常の現われに捕われない（自分自身を本尊として考え、密教的には、通常の顕現に捕われずに、たとえばヤマーンタカ、グヒヤサマージャ、チャクラサンヴァラを一体とした本尊の修行などをし続けていく）

自分の今回の人生の残り時間をこのように使うことができればよいと思います。すぐにそうはなれないなら、一つの考え方として、まず今年一年、それが無理なら今月、それも無理なら今週、今日、あるいは一時間だけでも、この五つの捕われから離れて心が法のとおりになるようにしよう、と決意することです。五つの捕われから離れられなければ心が法のとおりになることはありません。

これまでのやり方を変える

現世利益を願う気持ちは、今はまだ誰でも非常に強いと思います。なぜ自分はそうなのか、その

理由をよく考えてみてください。たとえば、お金に対する欲望は非常に大きいでしょう。それなのに、そのお金を非常に無駄にしていることもあります。そのようなときには、自分は何をどう間違えているのか、静かに考えてみることです。お金以外の衣・食・住や名誉などについても同様です。特に名誉については、実は非常に強くそれを望んでいるのに本人にその自覚がなく、その結果、周囲に迷惑を及ぼしていることもあります。また、表面には出さなくとも、心の中にそのような思いが潜んでいることもあるでしょう。

まず、身体や言葉による不善な行為を避けることです。けれども、身体や言葉には表われなくとも、心で不善なることを思えばそれも不善なる行為です。そのような心が起こったときには、「また悪者が来た」と気づき、すぐに対治します。そのようにできなかったときには、「この次は絶対に同じような気持ちを起こさない」と心に誓います。

このようなところから始めて徐々にレベルアップし、十不善から離れて十善を起こすようにしていけば、やがて執着や愛着が少なくなり、自分のことだけでなく他人のことも考えられるようになっていきます。

菩提心はもちろん大事ですが、それを起こすためにもまず出離が必要です。今生や来世の利益のみに捕われればどのような不利益になるかをよく考え、その不利益から離れる気持ちになることです。本来であれば、それだけでも一生かかるかもしれません。もし出離の心が起こらなければ、慈悲や菩提心、空性を理解する智慧も起こすことができず、密教の本尊瑜伽などもできずに終わることになります。

灌頂《かんじょう》で加持《かじ》を得て「いち」から修行を

チベットでは、師によっては非常に厳しく伝統的な修行の道筋どおりの教え方、すなわち第一段階が完全に理解できた時点で次の段階を教えるといったやり方をします。けれども、そうしているうちに人生が終わり、再び訪れるかどうかわからない善い機会を逃すことも考えられます。そこで、ダライ・ラマ法王や上師たちは、まだ厳密にはその器になっていない人であっても、信仰心があれば菩薩の修行に入らせ、灌頂を授ける方法をとっています。

本来は本当の菩薩でなければ密教の灌頂は授けられませんが、本当の菩薩は菩提心を具えていなくてはならず、そこまでいくのは容易ではありません。ですから、正規の順番どおりではありませんが、めざすところは密教の修行なので、法王をはじめとする確かな上師が授ける灌頂を受けられる機会があれば受け、その機会を準備してくれた人々に感謝し、その後はできる限り祈願しつつ精進努力していくということです。そのようにして灌頂を受けても、実際に行なう修行やそのための努力は、もちろん自分の心のレベルに応じて「いち」から行なうことになります。

次々に問題が生じる原因は何かを知る

「いち」から修行を行なうときには、まず、生まれてから今日に至るまで自分の身の上になぜこうも次々に問題が生じてきたのかについて考えてみることが大事です。一つの問題を解決してもまた次の問題や苦しみが訪れ、その状態は永遠に続き、決して希望どおりにいきません。

たとえば子ども時代、毎日学校に通うのがつらくて、大人の生活を羨んだことがあるかもしれません。けれども、いざ大人になると、学生時代のほうがよかったと思うのではないでしょうか。これは一例ですが、それと同じような状態を果てしなく繰り返す今の人生を思えば、たとえ来世に再び人間に生まれたとしても、また同じことを繰り返すだけです。ところが、経典によれば、そのような人間界よりさらにひどい状態（三悪趣）があるというのです。それに比べれば、確かに人間としての生活は幸せで解脱にも匹敵するほどです。とはいっても、その人間界も完全な幸せはなく、苦しみばかりであるのが現実です。

このような輪廻を思えば、それを厭い、そこから脱したい気持ちになるのではないでしょうか。そうなったときにはじめて、輪廻から脱すること（解脱）は本当に可能なのかどうかが現実的な問題となってきます。解脱は本当にあるのでしょうか。それはあります。なぜなら、「自分」も「解脱」もあらゆる物事は絶対的ではなく、すべては自性によって存在しておらず、空であり、縁起によって生じているからです。ですから、精進努力することによって心も変わるのであり、そうであれば解脱も可能だということになります。

子ども時代からの自分を振り返って、考え方の変化をみれば、心が変わるものであることは明らかでしょう。これまでは悪く変わることも善く変わることもあったかもしれませんが、仏陀の教えと出会ったからには善い方向にのみ向かわなくてはなりません。善い方向とは、まさに前述の「五つの捕われ」から離れることです。

輪廻の欠点や苦しみについて何度も何度も考え、自分の今の人生に対する執着がなくなれば、逆に自分にとってプラスの面が出てきます。つまり、出離した結果として菩提心が起こり、自利を完全に度外視して利他のみを行なうことができれば、結果として自分にとっても役立つのです。

ツォンカパ大師は『菩提道次第広論』の中で、「菩提心を起こして菩薩行を行なうことは自分のためにも役立つと考えられれば、小乗仏教に堕ちることもなくなる」と述べています。

「理解すること」より難しい「実践すること」

教えが本当にいわんとしていることがわかってくれば、修行や勉強がさらに楽しみになると思います。特に止観《しかん》の止の瞑想に熟達すれば、どれだけ長い時間修習しても心身ともに重さや疲労感のない軽安《きょうあん》を得ることができます。心は実際には飛ばないと思いますが、精神的には飛べるかのように心が軽くなり、どのように高度な修行にでも取り組み精進できるような好ましい状態となります。

「五つの捕われ」から離れることが要点だと言葉として理解できても、その実践が簡単に進むわけではないのが難しい点です。煩悩は次々に起こり、どれほど教えられても、お経を唱えても、なかなか効を奏しません。お経を唱えるのはそのとおりに心を変えるためなのに、心はなかなか変わりません。私たちの心は気が違った象のようなものです。そのような象にいろいろいって聞かせても効果がない場合は、悪い点や矛盾点を実際にはっきりと示してみせなければならないこともあります。

教えを深く広く学んでからでなければ、たとえ何カ月も洞窟にこもってリトリートを行なったとしても、その後はまた元に戻ってしまう可能性があります。洞窟で瞑想すべき内容を正しく把握していないからです。内容をきちんと理解していれば、どれだけ時間があっても考えるべきテーマが次々に湧き出し、時を忘れるでしょう。たとえば何かを話すときにも、話すべき内容がたくさんあれば何時間でも話し続けられるかもしれませんが、その内容がなければ一分間でも大変でしょう。瞑想もそれと同じことです。

教えと自分の日常が一致しているかどうかを調べる

教えを聞いて単に話題として面白い、読み物として面白い、学問的に面白い、というだけでなく、自分の考え方や生き方と一致しているかどうかを実践的に考えてみることが大事です。私が若い頃にインドで論理学の基礎である仏教言語学《ドゥータ》を学んでいたときにも、その内容と自分の考え方が一致しているかどうかに注意するように、とよく師にいわれたものです。

仏教の教えは結局、自分の心をどのように訓練するかに尽きます。ですから、『ラムツォ・ナムスム』を学ぶときには、一つひとつの偈の内容について考えていってもよいですし、また、その内容と自分の現実の生活が一致しているかどうかという面から考えるのもよいでしょう。そのように考えていけば、部分的に一致していたとしても、ほとんど一致していないことがわかると思います。少しでも一致している部分があったら、どのようにしてそうなったのかを考えてみてください。

人間として生まれたことを無駄にしない

カダム派の教えは、「死を想わなければ、教えが現実に一致することはない」と述べています。

私たちは普通、死ぬことを考えずに、将来の生活や老後の準備ばかりを考えますが、果たしてその老後まで生きている保証はあるのでしょうか。もし今日死ぬのであれば、老後の準備はいらなくなります。いくらお金や財産があっても、死ぬときには一円ももっていくことはできません。

それどころか、今生で積んだ悪業によって、もし来世で蚊や虫に生まれてしまったら、どのようにして修行ができるでしょうか。今の自分は人間として善悪の判断もつき、さらに仏教の教えに関心をもって学んでいますが、虫たちは言葉を理解することさえできません。そのような意味でも、経典に説かれているように、人身《じんしん》は宝のように貴重であり、それを得た重要性は計り知れないのです。

そのようにすばらしい人身であっても、死ななくてはならないという欠点は依然としてあります。たとえば、キリスト教の場合は死後は天国か地獄に行くので地獄に堕ちない努力が必要ですが、仏教のほうは来世があるのでゆっくり努力できる、という意見もあります。しかし、それは間違いです。仏教の考え方にはキリスト教のような絶対的な天国や地獄はありませんが、今生の有暇具足を正しく使うことができず輪廻転生を繰り返すことを無限の時の流れで考えれば、状況の深刻さはキリスト教と同じであり、同様に地獄に堕ちない努力が必要です。

今生において宝にも勝る人身を得たことは、喩えるなら非常に貧しい者が大きな金塊を得たようなものです。そのときに金を金として使うことができなければ、あまりにも愚かで残念です。金を正しく使うとは、修行をすることであり、利他心を起こして菩薩行を行なうことです。それができなければ動物とさほど変わらない状態だといえるのではないでしょうか。せっかく尊いものを得たかいが全くなく、前世で徳を積んで人間に生まれたことがすべて無駄になります。

他人の幸福と自分の幸福の関係性を知る

利他心がなぜそのように重要かといえば、他人の幸福と自分の幸福は関係があるからです。つまり、自分が幸せになりたければ他人が幸せになるようにしなくてはならないということです。

またもう一つ、自分は一人で他人は大勢です。そうであれば大勢のほうを大切にすべきことは当然でしょう。たとえば一円と一万円では一万円の方に価値があります。一円は落としてもあまり問題がないはずです。自分一人のために大勢を犠牲にすることは罪ですが、逆に、自分を大勢の他者のために召使いのように考えられれば、すばらしいでしょう。

自分が生きている今のこの状態で起こる善いことはすべて他者のおかげであり、悪いことはすべて自分自身から出たことと考えるべきです。病気でも何でも、悪いことはすべて自己愛着による自己中心的な考え方が原因で生じてくると考えられます。このことが理解できたら、自分の利を望む気持ちを少しでも弱めて、他人を大切にすることが重要です。

最初からそのようにできなくとも、まずこのような教えに耳を傾け、心をそれに慣らし、いつの日かそのとおりにできるようにと願えば、徐々に行動が伴うようになります。そのような意味で、法話は聞けば聞くほどよいでしょう。たとえば、赤ん坊に百回「あ」という文字を教えてもなかなか覚えませんが、二百回、三百回、そして千回と教えているうちに、いつか「あ」がいえるようになり、書くことができるようにもなります。同様に、「自分より他人が大事だ。悪いことはすべて自分に原因の一端がある」と思い続け、それに関連した法話を聞き続けていれば、いつの日か心が教えどおりになる可能性があります。これまで「自分は善い人で他人は悪い人」あるいは「他人より自分が大事」と思い、どうしてもその考えに則って言動してしまっていたのは、その考え方に慣れすぎていたためです。心の在り方はすべて慣れであり、訓練次第なのです。

シャーンティデーヴァは、次のように述べています。

そのゆえに、このように他者の精子と卵子の滴《しずく》におまえが我としてとらわれたように、他者にも慣れるべきである。

（ソナム／西村訳註『入菩薩行論』大法輪閣　一五七頁）

このシャーンティデーヴァの言葉のように論理的に物事を考えていけば、いくら自分を賢いと思い、また自分にとって不都合な状況を回避しようと思っても、回避できなくなり、何の反論もできない状況になってしまうはずです。論理を無視すれば、物事の本当の道理がわからないまま、自分に都合のよい箇所だけを教えから取り出して理解したつもりになり、本まで書いてしまうようなことも起こりえます。本にしても教えにしても、全体を学び完全に理解すれば間違いは起こらないはずです。

一時的にも究極的にも「楽」にならないことをやめる

現世利益から離れるのは容易ではありませんが、その方法を簡単にいえば、一時的にも究極的にも楽にならないこと、また一時的には楽でも将来的に苦しくなることをやめて、一時的にはつらくとも究極的に楽になることを考えることです。

「心髄はこれです」と物のように指差して示すことはできないので、深く教えを学ぶ必要があります。そして自己愛着から離れて利他心を起こすことです。めざす境地に住することができるまでこれからもやり続けるのだという気持ちをもち、またそれが可能だと確信して希望をもつことです。前述のゲシェー・トルパの言葉のように、視線を遠くにはせ、心を広く、腹をどっしりと据えて、一日、一カ月、一年という単位ではなく長い期間にわたって、仏陀の境地に至るまで精進努力し続けることが大切です。

このような教えについて常日頃から考えておけば、何かあったときに、たとえ一時的ではあっても心が楽でいられるでしょう。

自分を善くするのも悪くするのも自分

菩薩の修行道である五道の五段階目はすべての修行を終えた「無《む》学道《がくどう》」で、これは大乗仏教では仏陀の境地ですが、そこに至るまでの間は、たとえ高いレベルの菩薩であってもまだ「学道」であり、学ぶことが必要です。ツォンカパ大師の眼前にマンジュシュリは現われましたが、それですべてが理解できたわけではなく、ツォンカパ大師はマンジュシュリから「さらに学び修行するように」といわれました。このことは、仏陀の教えはただ与えられるものではなく、自分自身が精進努力して学び修習するものであることを示唆しています。ですから、自分を善くするのも悪くするのも他ならぬ自分自身です。このことが理解できれば、たとえ最初はまだ瞑想などができなくとも、教えを聞いただけでも心が楽になると思います。

たとえば、日々の暑さや寒さなども永遠ではなく、一日のうちでも変化することを考えてみてください。天候がどのように変化するかを考えてみれば、同じように、自分も常に変化していることがわかるでしょう。その変化には必ず原因があります。たとえばAという原因から生じるのはAの結果であり、Bの結果は生じません。

このような厳しい真実はときに受け入れがたいこともあるかもしれません。しかし、これはまた、正しくじっくりと修行を続けていけば、すばらしい結果を得る可能性があるということでもあります。因果関係や業の法則は確かな真実だと考えられるからです。

悪いのは結局、汚れた心ですが、この汚れた心も一時的なもので、究極的には仏陀の心も私たち衆生の心も同じです。けれども現時点では、仏陀の心は清浄で、私たち衆生の心は煩悩の汚れで覆われているという意味で、世俗的あるいは一時的には大きな違いがあります。けれども、その汚れも永久不滅の絶対的なものではないからこそ、善く変化していくことが可能であり、そこに希望があります。

第二部　『サパンが著した「四つの捕われから離れる秘訣」』

サキャ・パンディタ
(BIBLIO THECA BUDDHICA V. より)

『サパンが著した「四つの捕われから離れる秘訣」』の全文

聖なる師の御足《みあし》に礼拝致します。

世間的には有暇具足《うかぐそく》の身体を得た。宝なる仏陀の教えに出会い、作意《さい》ではない心を起こし、今、錯誤のない修行をしなければならない。それにおいては、「四つの捕われ」から離れるための実践をすべきである。

それが何であるかと言えば、「第一に」今生に捕われないこと。「第二は」三界の輪廻に捕われないこと。「第三に」自身の利益に捕われないこと。「第四に」事物《じもつ》や相《そう》（現象、あるいは状況）に捕われないこと。

これらについて述べるなら、

今生は水の泡のようなもの
いつ死が訪れないとも限らず
永続するものと捉えてはならない

この三界の輪廻は
毒をもつ果実のようなもの
一時的には美味であるが
将来的には害をもたらす
それに捕われる誰もが誤りを犯す

自身の利益に捕われるのは
敵対者の息子を育てるようなもの
一時的には歓びであっても
究極（将来）的に自身に害をもたらすことが決定している

それゆえ、自身の利益に対して捕われたとしても
一時的に幸せでも、究極（将来）的には三悪趣に堕ちる

事物と相（現象、あるいは状況）に捕われるのは
蜃気楼《しんきろう》の水（逃げ水）に捕われたようなもの
それゆえ、一時的には出現するが
口にすることはできない

誤った意識に、この輪廻が現われても
智慧によって分析すれば
実体は一つとしてない

それゆえ、過去には心がなく、未来にも心はない
現在においても、心はないというように理解し
一切法（すべての存在）に対しては分別から離れることを知るべきである

そのようにすれば、今生に対して捕われることがなく
三悪趣に生まれることがない
三界の輪廻に捕われることがなく
輪廻に生まれることがない

自身の利益に捕われることがなく
声聞や縁覚に生まれることがない
事物や相（現象、あるいは状況）に捕われることがなく
素早く確実に正等覚（覚り）を得る

（和訳　藤田省吾）

I　「四つの捕われから離れる秘訣」の背景と学び方

文殊菩薩《マンジュシュリ》がクンガー・ニンポに直接説いた教え

『サパンが著した「四つの捕われから離れる秘訣」』と題される教えは、サキャ派の偉大なる修行者であり上師《ラマ》であったサキャ・パンディタ（一一八二〜一二五一：略称サパン、本名クンガー・ギャルツェン）によって著されたものです。これは、ラマ・サキャパと呼ばれたクンガー・ニンポ（一〇九二〜一一五八）の著した教えが基になっています。

クンガー・ニンポはサキャ派の偉大なる学僧ですが、十二歳のときに、僅か六カ月の間にマンジュシュリを成就し、実際に自分の目で直接マンジュシュリの姿を見ることができたそうです。そのときマンジュシュリは、姿が黄赤色で、説法を象徴する印《いん》を結び、まばゆいばかりの光が集合した宝の法座に結跏趺座《けっかふざ》で座しており、両脇に二人の菩薩を伴っていたそうです。そのようなマンジュシュリの口から直接、クンガー・ニンポに教えが説かれました。

そのときのマンジュシュリの言葉は次のようなものでした。

今生に捕われれば、修行者ではない

三界《さんがい》に捕われれば、出離《しゅつり》ではない
自分の利益《りやく》に捕われれば、菩薩ではない
捕われがあれば、見解《けんかい》ではない

クンガー・ニンポは、「涅槃《ねはん》の優れた大楽《たいらく》に関心を抱く者は、この四つの捕われから離れるべきである」と説きました。この四つは、のちに、サパンのテキストの四つのテーマとなり、サパンの言葉で表現され、再び説き示されています。

「菩提道次第《ラムリム》」との関係性

この四つのテーマは、般若学《はんにゃがく》の論書やツォンカパ大師の「ラムリム」の教えにも説かれている重要な内容です。仏教に関する情報は数多くありますが、教えが本当に役立つためには、あまり整理されていない過剰な情報に振り回されないように注意しなくてはなりません。その意味で、特にツォンカパ大師の「ラムリム」は、仏陀のすべての教えを矛盾なく順に理解し実践することができる貴重な教えの体系です。生《なま》の素材ではなく、よく調理された料理のようなもので、あとはそれを自分の口に入れるだけです。そのように整理され順序よく丁寧に説かれた長い「ラムリム」の教えを簡潔に要約すると、この「四つの捕われから離れる秘訣」になります。

ツォンカパ大師による『道の三要訣《ラムツォ・ナムスム》』も、マンジュシュリが直接説いた教えであり、同じく「ラムリム」の心髄なので、『サパンが著した「四つの捕われから離れる秘訣」』とツォンカパ大師の『ラムツォ・ナムスム』の二つは内容がよく似通っています。

『ラムツォ・ナムスム』の主なテーマは出離、菩提心《ぼだいしん》、正見《しょうけん》（空性を理解する智慧）の三つですが、この一番目のテーマ「出離」は、サパンの四つの秘訣における最初の二つ、すなわち「今生に捕われないこと」と「三界に捕われないこと」に相当します。同様に、「菩提心」は三つ目のテーマに、「正見」は四つ目のテーマに相当します。

教えを学ぶときの態度

この教えに限らず、仏陀の教えを学ぶときの正しい動機は、自分だけでなく一切衆生《いっさいしゅじょう》（すべての生き物）のために学ぶ善い機会だと捉えることです。これを学ぶのは本当の意味の幸福を得るためであり、本当の幸福とは仏陀の境地に至ることに他なりません。そのためには、お釈迦様が説かれた法によって修行をしなくてはならないから教えを聞くのだ、と自覚することが大切です。一切衆生が幸福を得るためには一切衆生が修行をしなくてはなりませんが、少なくとも自分は今こうして教えに出会ったからには、一切衆生のためにまず自分がこれを聞いて学ぼうという気持ちで臨むことです。

そのようにして教えを一度聞いたあとも、また機会があれば何度でも聞き、関連する本も読み、その内容をよく消化するようにします。以前、インドのお寺で年配の僧が子どものような若者を相手に一生懸命に問答をしているのを見て、私は非常に感動しました。普通の勉強と違って仏教の勉強や修行には「これで、終わり」ということがありません。身体がある限りご飯を食べ続けなくてはならないように、菩薩となり仏陀となるまでずっと学び修習《しゅじゅう》し続けていくものだと思います。

実際の修行は、自分にとって行ないやすい小さなことから始めて、徐々に難しいことへと広げていけばよいでしょう。たとえば、過去に自分が犯した罪の浄化をまず行ない、その後は身体や言葉による不善な行為を行なわないように気をつけ、さらに心による不善な行為をなくしていきます。身体や言葉の不善な行為の根本には煩悩《ぼんのう》の心があるので、その煩悩を断たない限り、一時的に罪の浄化を行なったとしても、またすぐ次々に悪い行為を重ねてしまうことになります。ですから、まず根源的な煩悩をなくし、その後に煩悩の足跡（所知障《しょちしょう》）もなくするという順で進んでいかなくてはなりません。

修行の本当の意味や方法、順序などを知らなければ、自分自身が行なっている修行が正しいものかどうかも判断がつきません。自分では一生懸命に修行をしているつもりになり、密教の修行までも行ない、「今にも仏陀になれるのではないか」と思い込んだとしても、実際には仏陀の境地どころか、来世のためにすらなっていないこともあるので注意が必要です。

Ⅱ 『サパンが著した「四つの捕われから離れる秘訣」』の解説

ここから、『サパンが著した「四つの捕われから離れる秘訣」』について具体的に解説していきます。サパンの教えの基になったクンガー・ニンポの教え、それに対するクンガー・ニンポの息子、タクパ・ギャルツェン（一一四七～一二一六：サキャ派）の解説なども参考にしながら説明していきます。

1 礼拝し正しい動機で修行に向かう

［本文］
聖なる師の御足《みあし》に礼拝致します
世間的には有暇具足《うかぐそく》の身体を得た。宝なる仏陀の教えに出会い、作意《さい》ではない心を起こし、今、錯誤のない修行をしなければならない。それにおいては、「四つの捕われ」から離れるための実践をすべきである。

貴重な有暇具足を得た自覚をもつ

インドやチベットの経典は、まず仏陀や上師に礼拝するところから始まります。一般的には上師である仏《ぶっ》・法《ぽう》・僧《そう》の三宝《さんぽう》に礼拝し帰依《きえ》しますが、ここでの帰依の対象は特にマンジュシュリだと考えられます。

仏教の教えを学ぶときには最初に次のように考えます。たとえば天であれ地獄であれ、人間であれ動物であれ、そして人間であれば知識の有無などにかかわらず、一切衆生は皆同じように、幸せを得て苦しみから離れたいと願っています。けれども、どうすれば幸せが得られるのか、どうすれば苦しみから離れられるのか、その方法を知りません。そして、幸せを求めているのに、実際には苦しみの原因となることばかりを行ない、次々に苦しみに向かって走り続けているのが現状です。

これは、六道輪廻《ろくどうりんね》世界全体として考えれば、その中にいるすべての生き物が仏陀の教えを知り、それによって修行できるようになるための条件が足りないからです。そのために、いくら幸せを得たいと思い、苦しみから離れたいと思っても、依然として迷いの中に留まっているしかありません。

けれども、そのような中でも、私たちは今、三悪趣《さんあくしゅ》（地獄や餓鬼《がき》や畜生）に生まれず、天（その中でも、長い楽な時をただ費やすことによって功徳を使い果たしてしまう長寿の天など）に生まれることもなく、人間として生まれ、得難い有暇具足（仏教の修行をするために適した条件）を得ることができました。さらに、仏教の広まっていない場所に生まれることもなく（また、たとえ仏教が存在しても容易に修行ができないような場所もあります）、五感のすべてや意識にも障害がなく、仏陀の教えに疑いを抱くような邪見もなく教えに接することができて、さらに、その教えの中でも密教を含む大乗《だいじょう》仏教に出会い、上師と出会うことができるという条件の中にあります。

作意《さい》ではない心で修行に向かう

しかし、いくら条件に恵まれ法に出会ったとしても、実際にそれを実践しなければ何の役にも立ちません。本当に幸せを得たいのであれば、大乗仏教としての究極的な解脱《げだつ》や仏陀の境地に至るために修行をしなくてはなりません。

その修行は「作意ではない心」で行なうことが大切です。作意ではない心とは、意図的に作られたものではない心です。たとえば、帰依や菩提心が自分の心に生じるようにと考え、学び、瞑想をするのは作意です。しかし、最初は作意であっても続けていかなくてはなりません。続けることによって理解が深まり、徐々に慣れていけば、やがて作意のない帰依の心や菩提心が自然に生じてくるようになります。たとえば、少しでも苦しんでいる人を見るやいなや自然に慈悲が溢れ出るようになれば、作意のない菩提心の状態だといえるでしょう。

作意ではない心とは自然な心、あるいは純粋な心です。相手の期待に応えようとして無理に何かをする心ではなく、自然に湧き起こる心です。これは、信仰心、帰依の心、菩提心などのどれにでも当てはまります。

細心の注意で正しい方法に従う

そしてまた、修行は誤りのない方法で行なうことが大切です。
サパンの詩に次のようなものがあります。

馬や宝石を購入するとき、あなたはどうする
産地はどこであるのか、以前はどんな状況にあったのかを質問し
良いものであることを納得するまで、自分の眼や手の感触でよく調べるだろう
これと同様に、究極的な目的を達成するためには、聖なる「法」に依るべきであり
「法」を説く者を調べないで、すぐに受け入れることはまちがいのもととなる
（ソナム／藤田共訳『ダライ・ラマ　生き方の探求』春秋社　九〇頁）

馬の取引をするときには馬をよく調べ、宝石商は宝石についてよく調べると思います。同業者からいろいろな経験談を聞き、実際に商売を始める前に詳しく調査するのではないでしょうか。それと同じように、永遠の幸せを得るための教えである聖なる法も、安易に受け取らず、それが正しいかどうかを商売以上によく調べて、自分自身で選び取ることが大切です。永遠の幸せを得るための法の選択をもし誤れば、一生《しょう》や二生だけでなく多くの生にわたって影響が及ぶので細心の注意が必要だとサパンは示唆しています。

［本文］
それが何であるかと言えば、「第一に」今生に捕われないこと。「第二は」三界の輪廻に捕われないこと。「第三に」自身の利益に捕われないこと。「第四に」事物《じもつ》や相《そう》（現象、あるいは状況）に捕われないこと。

クンガー・ニンポの秘訣を受け継いだサパンの教え

作意のない心で間違いのない方法に基づいて修行をするために知るべきことは何かといえば、それがまさにこの「四つの捕われから離れる秘訣」です。

この四つの秘訣の一つ目は、修行の動機（目的）について述べています。たとえ修行をしたとしても、その目的が今生の幸せや利益のためであれば、どれほど一生懸命に行なっても本当の意味の修行（法）ではない、ということです。二つ目は、今生だけではなく三界（六道輪廻世界全体・欲《よく》界《かい》、色界《しきかい》、無《む》色界《しきかい》）の輪廻に捕われれば出離ではない、三つ目は、自分一人だけの幸せや利益のみを考えているのであれば菩薩ではない、そして四つ目は、我執に捕われている限り正見を得ることはないということです。すなわち、これら四つに捕われている状態であれば、輪廻から解放され解脱することはない、ということになります。

自分の修行が本物かどうかを調べる

ほとんどの人は今の人生に執着していると思いますが、そのような状態で行なう修行は本当の修行ではないということであれば、自分は本当の意味で教えを実践しているのかどうか、考え直してみる必要があります。

一般に、修行とは聞《もん》・思《し》・修《しゅ》を行ない戒律を守ることです。聞・思・修の「聞」は教えを聞くこと、「思」は聞いた内容について考えること、「修」は十分に納得した内容に集中して観察・分析を積み重ね、十分に習熟し、それを実践していくことです。ですから、「修」には戒律を守ることも含まれます。

この聞・思・修のうちの「聞」と「思」についてまず考えてみましょう。仏法を聞き、その内容について考えることは、仏陀を成就するための財宝を得る行為であり、智慧の灯明を得てすべての衆生を仏陀の境地へと導くための貴重な経験です。智慧を得る修行は法身の種となるものであり、仏陀の境地に至るために必要不可欠です。

ツォンカパ大師の『菩提道次第略論《ラムリム・チュンワ》』の中には、「聞によって法を知る。聞によって罪を離れる。聞によって無益なものを捨てる。聞によって涅槃を得る」という『法句経』の言葉が引用されています。また、『本生譚《ジャータカ》』の言葉として、「聞によって心に信を起こし、歓喜して堅固になる。智慧が生じて無知がなくなる。自分の肉に（換えても）、それを買うべきである。聞は無知の闇を除く灯明である。盗賊などが取ることのできない宝である。愚かな敵を殺す武器である。方便としての教誡を示す勝れた友である。貧しくなっても変わらない親友である。集会の中で智者を喜ばせるものである」と書かれています。

このような「聞」、そして「思」を行なっても、もしその人に信仰心がなく、今生の自分の利益のみを考えているとすれば、どうでしょうか。たとえば「自分のこの人生のために多くの知識を得て、立派な学者になり、名声を得て幸せになりたい」というような動機で教えを「聞」いたり、「思」と称して学問的な関心のみで内容について考えるのであれば、たとえ表面的には立派な「聞」や「思」に見えたとしても、本当の修行（法）とはいえません。

そのような状態は世間八法《せけんはっぽう》に基づく考え方であり態度です。世間八法とは、人間の心をかきたてる八種類の事柄、すなわち「得」と「損」、「賞賛」と「非難」、「名誉」と「不名誉」、「楽」と「苦」のことです。これらに捕われた状態で教える立場に立ったり、仏教の知識を得て高い地位やよい立場を築こうと考えているとすれば、それは誤った態度です。

そのような動機で多くの知識を得れば、私は何でも知っていると慢心をつのらせ、自分よりも知識の乏しい人を見下し侮辱する行為に出ることにもなりかねません。また逆に、自分より知識が豊かでよく学び修行している人を見れば激しい嫉妬を抱くでしょう。

正しい「聞」と「思」は、短期的には善趣《ぜんしゅ》（人間界や天界）への転生、究極的には大乗仏教としての解脱や一切智《いっさいち》智《ち》（仏陀の完全な智慧）へとつながるものでなくてはなりません。どれほど善い説法であっても、世間八法の垢にまみれた「聞」と「思」であれば、三悪趣（地獄、餓鬼、畜生）に堕ちる原因となります。

形ではなく心で修行を行なう

次に、聞・思・修の「修」は、煩悩を取り除く直接的な手段であり、空性を理解する智慧を得るために非常に重要なものです。しかし、ここでも、その修行者が今生の利益しか考えていないなら、たとえ深山や洞窟でどれほど瞑想に打ち込んでも、口を開けばただの世間話となり、「聞」と「思」によって得た大切な教えを非難することにもなりかねません。また、自分は優れた修行者だなどと慢心を起こせば、他の修行者や瞑想者を見下すことにもなるでしょう。

たとえば、お経を読み真言を唱え瞑想をするのは善なる行為ですが、どれほどそのようにしても、今生に執着し今生の利益のみに捕われていれば、そのような修行は解脱のためどころか来世のためにすらならず、ましてや一切智智を実現することは不可能です。

私がインドのダラムサラにある仏教論理大学で学んでいたとき、恩師ロサン・ギャツォは、私たちに向かってよく次のようにいいました。「試験に合格するためだけに一生懸命に徹夜で学んでも、試験が終わればすべて忘れてしまうのであれば人生の役に立ちません。同じように、仏教の勉強や修行も、今生だけのために行なうのであれば、たとえ優れた経典である『般若心経』を唱えたとしても、のちの利益（解脱や仏陀の境地に至ること）にはつながっていきません」。これは、修行は「形」ではなく「心」で行なうものだということです。

清らかな持戒を修行の根本とする

ここで「修」の一部としての「戒律」（主には十善戒）について少し説明します。戒律が非常に大切なのは、来世において三悪趣から離れて三善趣に生まれるための直接的な原因になるのが持戒だからです。そしてまた、持戒は解脱のための階梯《かいてい》でもあります。なぜなら、戒律を守らず三善趣に生まれることができなければ、解脱も不可能だからです。ですから、戒律は一切の苦しみを捨て去るための対治《たいじ》（煩悩のようなネガティブな心の在り方をポジティブに変えるための対抗手段）であり、戒律を守ることができなければ、それ以上の修行は何もできないといっても過言ではありません。

そしてまたここでも、表面では戒律を守っているように見えても、その目的や動機に世間八法に基づいた今生への期待があれば、本当の意味の持戒にはなりません。たとえば、戒律を守っている人に対して嫉妬するような状態があれば、今生で自分が他者から賞賛されたいという思いが背後に潜んでいるかもしれません。そのような誤った意図で行なう修行はすべて三悪趣に堕ちる原因となります。

正しい聞《もん》・思《し》・修《しゅ》の態度と方法

今生に捕われることなく教えを聞き、心に無知がなくなったときには、疑念が消え去り、物事を正しく理解することができるようになります。それが仏陀に至るための原因であり、大きな功徳となります。単に一人で本を読むだけでは自分勝手な解釈に陥る危険があるので、その危険を回避するためにも、体験豊富な正しい上師から、今生に対する執着なく教えを聞くことが本当の意味の「聞」です。

たとえば、「菩提心とはこのようなものです」と、その定義などを聞くことは「聞」であり、この「聞」によって知識が生じます。そのようにして「聞」いて得た知識が本当であるかどうかを自分でさまざまに考え、それに関する書物なども読み、また別な上師の教えも聞くなどしてさらによく考え、自らの深い納得に至るプロセスが「思」です。この「思」によって知的理解がさらに深まります。その後、そのようにして十分に納得した内容に集中してさらに観察・分析を繰り返し、その内容に対して十分に心を慣らしていくのが「修」です。ですから、「修」は、「思」によって生じた知的理解を心になじませることであり、心が経典や教えに説かれる内容どおりになるようにするには、「修」としての瞑想が必要になります。ここでいう「瞑想」とは、言葉を換えれば「慣れる」ことです。瞑想には「分析的な瞑想」と「集中力の瞑想」がありますが、この二つの瞑想によって善なる内容に慣れ親しみ、最終的に心がそのとおりになるようにしていくのが仏教の一般的な瞑想です。

聞・思・修は「三慧」といわれるように「知の段階」をあらわすものですが、この三つを同時に行なうことが理想的です。ツォンカパ大師も述べているように、教えと実践の間に距離があるようなやり方はよくありません。たとえば、聞きながら考え、考えながら瞑想し、あるいは分析的に考えながら聞いたり瞑想を行なう、というように聞・思・修を同時に実践することが大切です。ですから、「自分は今は教えを聞くべき時期であって、実践する時期ではない」といって聞くだけに留め、その先に進もうとしないような態度はよくありません。

そのことについて、カダム派のドムトゥンパは次のように述べています。

聞いているときには、考えることと瞑想修行を同時におこなっている

また、考えるときには、聴聞と瞑想修行を同時にしている
さらに、瞑想修行のときには、聴聞と思索をしているのだ
聞・思・修とはそうあるべきだ

（ソナム／藤田共訳『ダライ・ラマ　生き方の探求』春秋社　六四頁）

瞑想と観想の違い

ところで、「瞑想」と「観想」はどのように違うのでしょうか。たとえば、お釈迦様について考え、そのイメージをありありと心に思い描くことは「観想」、すなわちビジュアライゼーションです。一方、それが「瞑想」になる場合もあり、広い意味では「観想」は「瞑想」の一種だと考えられます。

「瞑想」について具体的な例を挙げて説明しましょう。たとえば、「無常」とはどのようなものかという場合に、「無常とは一瞬一瞬変化していくことである」、あるいは「無常とはさまざまな原因と条件によって成り立っていることである」と聞いた内容について自分自身でよく考え、十分に納得したのちに、その納得した内容に対して疑いを差し挟まずに集中してさらに深く観察・分析し、心をそれに慣らし習熟させていくことが「瞑想」です。ですから、「聞いた教えについて自分自身でよく考え、それによって納得を得て、その納得した内容に集中してさらに観察・分析する」ということでなくては本当の意味の瞑想とはいえません。

広い意味では、聞いたことについて考える「思」も「瞑想」の一種といえるかもしれませんが、

厳密には、「思」の最初の段階は、自分が「聞」いたことをまだ正しく理解していない状態です。これに対して、「思」の最終段階では、自分が「聞」いたことについて正しい理解と納得、つまり確信を得ることができています。その確信した内容に集中してさらに観察・分析することが「瞑想」です。

瞑想のときにヴァイローチャナの七法などによって背筋をまっすぐにする姿勢をとることは、瞑想を長く行なう上で重要です。身体の姿勢と心との間には深い関係があり、血液や体液、風《ルン》のような微細なエネルギーの流れや脈管《ツァ》などともつながりがあるからです。ただし、瞑想の姿勢を正しくとることができたとしても、本当の意味の瞑想に入っているかどうかはまた別問題です。

2　今生に捕われた心から離れる

［本文］
これらについて述べるなら、
今生は水の泡のようなもの
いつ死が訪れないとも限らず
永続するものと捉えてはならない

今生に捕われた心の対治《たいじ》：死の無常を考える

今生に捕われた心の対治として死の無常に集中する瞑想を行うことが有効です。

私たちの人生は無常で、死がいつ訪れるかわかりません。生存の条件に比べて、死につながる条件は自分の周囲に無数にあり、死ぬときには教え以外の何ものも役に立ちません。死ぬときには、苦労して得た財産も、親族や親しい友人も何の役にも立たず、ただ一人で行かなくてはなりません。生まれたときからずっと自分のものと思ってきたこの肉体さえも置いていかざるをえません。どれほど好きな人がいて、その人に執着しても、何の意味もありません。その人も含めて、他の人も皆いずれは同じように死ぬからです。つまり、相手が誰であれ他者に対して抱く感情、それは愛情や好意のようなものだけでなく、憎しみや恨み、嫉妬、怒りのようなものも一切、いずれは何の意味ももたなくなります。

これがまさに、本文にある「今生は水の泡のようなもの」ということの意味です。水の泡のようにすぐ消えてなくなるものに執着していても何の意味もありません。このようなことがわかってくれば、修行を求める強い思いが心の底から自然に湧き起こってくるのではないでしょうか。そのときにはじめて、教えが教えどおりになり、修行が真の修行となり、仏陀の教えが修行のための教えになったといえるでしょう。

カダム派の修行者による教えに次のようなものがあります。

朝に死を憶念しなければ、その日の午前中は無駄になってしまう
昼に死を思い出さなければ、その日一日が無駄になってしまう

チベット人たちは、「もし死ぬことを考えなければ、どんなにひどい行為も平気でやってしまうだろう」とよくいいますが、確かにそうかもしれません。

このように死の無常を考えるときには、その前に、有暇具足がどれだけ得難いかをよく知ることが大切です。そうすれば、得難い有暇具足を得たこの機会を無駄にしないように今すぐ修行を始めようという気持ちになるでしょう。そのような気持ちになったら、十不善から離れて十善を積むことによって来世に三悪趣に堕ちることなく三善趣に生まれるように、と願うことです。そのためには、まず第一のテーマ「今生に捕われないこと」が必要です。

3　輪廻世界全体に捕われた心から離れる

［本文］
この三界の輪廻は
毒をもつ果実のようなもの
一時的には美味であるが
将来的には害をもたらす
それに捕われる誰もが誤りを犯す

輪廻世界は苦と苦の原因でできている

第二のテーマ「三界に捕われること」の対治は、「輪廻の欠点を考えること」です。「三界の輪廻は毒をもつ果実のようなもの」であり、たとえ一時的にはとても美しく美味しい果実のようであったとしても、それらは毒をもつのであり、最終的には害を及ぼします。

たとえ天界（六欲天、欲望がない形色だけの領域である色界、欲望や形色もない六道輪廻世界では最も上の領域である無色界）に生まれ、ブラフマンやインドラのような神となり、一時的にどれだけ幸せであったとしても、彼らもまだ苦しみの原因を超えていません。十善を行ない、功徳を積み、その結果として長寿や財産を得て、幸せの条件にどれだけ恵まれたとしても、輪廻にある限り決して苦しみから離れることはできません。

天界に住む者たちは、死ぬ直前になると、次の生でどこに生まれるかが自分でわかるそうです。たとえば人間界に生まれることがわかるのは、彼らにとって非常につらいことです。天界は楽や幸せに満ちた世界なので、人間界のように汚れた世界に生まれることは耐えがたい苦痛です。天界の住人が死ぬときには、まもなく寿命が尽きる象徴として、それまで美しく豊かに咲き誇っていた花や樹木もしだいに色褪せて枯れ始め、他の住人たちからも冷ややかな扱いを受け、大層深い悲しみに襲われるそうです。いずれその功徳が尽きた時点で、再び過去の業《ごう》によって地獄界や餓鬼界、畜生界、人間界などに転生する他ありません。

このように、どこに生まれようと状況がどうであろうと、輪廻世界である限り苦しみや苦しみの原因を超えることができないのは、輪廻の根本が「毒」だからです。その「毒」こそが無明《むみょう》に他なりません。

無明は十二縁起の出発点にあるものです。私たちは物事の在り方を正しく理解していない無明ゆえに輪廻します。そのような中でも、因果関係の在り方を正しく理解し、十不善から離れて十善を行なうことができれば、三善趣に生まれかわることができますが、因果関係の業の法則について誤解し無知なままであれば、どうしても十不善を行なうことになってしまい、三悪趣に生まれかわらざるをえません。

すでにご存知のように、三悪趣は苦しみばかりの世界です。一方、三善趣においては、さまざまな誤解から苦しみを幸福と勘違いしています。たとえば、今病気や悩みがなければ、その状態が永遠に続くと思い込み、完全に幸福でいられるかのごとく錯覚していることがあります。また、死について考えることを失念しているために、自分には死が訪れないかのごとく思い込んでいたりもします。そして不浄な身体を美しいものと捉えて執着します。本来、すべての存在は無我であり実体性がないにもかかわらず、実体性があると思い込んで執着するのです。その誤った心こそが我執です。我執の結果として生じることに善なることはただ一つもなく、その本質はすべて苦しみそのものです。

輪廻世界全体に捕われた心の対治：輪廻の苦を考える

六道輪廻世界の苦しみの分類方法にはいくつかありますが、三種類に分ける方法が代表的です。それは「苦苦《くく》」と「壊苦《えく》」と「行苦《ぎょうく》」の三苦で、これらはすべて有漏《うろ》なる（汚れた）ものです。

一つ目の苦苦は、動物でも人間でも、どのような生き物でも知っている直接的な苦しみです。その代表は三悪趣の苦しみですが、地獄、餓鬼、畜生、それぞれの苦しみを具体的に想像してみれば、それを実際に自分が受け取ると考えただけでも耐え難いでしょう。そのような苦しみから離れるためであれば、真剣に努力をしようと思うのではないでしょうか。そのための努力とは、不善な行為を続けていくだけの生活をきっぱりとやめ、真剣に善なる行為を行なおうとすることです。

変化する苦しみ、壊苦《えく》

二つ目は、時間と条件の変化によって幸せと思っていたものも苦しみに変化してしまう壊苦です。私たちが一般に、「幸せ」あるいは「楽」と呼んでいるのは、すべてこの「変化する苦しみ」に当たります。私たちが普段感じ取る快楽はすべて無常であり、一時的に幸せと感じられたとしても、それらはすべて変化し、最終的に苦しみとなるものです。

たとえば、暑い時期にクーラーをつけると涼しくなって快適です。それが本当の幸せなら、涼しくなればなるほどさらに幸せになるはずですが、一定限度を越すと今度は寒くなりつらくなってきます。また、パーティーなどで好きな人たちと美味しいものを食べたり飲んだりして楽しいひとときを過ごすことができたとします。けれども、その楽しみが果てしなく長く続いたらどうなるでしょうか。食べ物が美味しいといっても、それなら食べれば食べるほど幸せになるかといえばそうではありません。美味しいものも食べすぎれば病気の原因にもなります。このことは、山登りの体験を思い出してみても同じです。朝からずっと歩きどおしで疲労困憊したとき、途中で一休みするととても楽になり気持ちがよいものです。それなら、その休憩が長ければ長いほど楽で気持ちがよいかといえばそうではありません。今度は休んでいること自体が苦痛になり、再び歩きたくなるものです。

このように、自分自身の経験から快楽や幸福の本質について考えたあとに、今度は病気や怪我のような苦しみをもう一度考えます。もしもあなたの小指が刃物で傷を負ったとすれば、たとえ指一本であっても大きな痛みを感じるはずです。それはまさに苦しみです。それが小指だけでなく、すべての指であればどうでしょうか。あるいは、その指の傷が全身に及ぶとなったら、その苦しみや痛みは想像を絶するでしょう。そのような苦痛に満ちた状態と、私たちが考える幸せを対比してみます。今述べたような苦痛や不快感はそれが大きくなればなるほど増していきます。では、幸せも同じように大きくなればなるほど増すでしょうか。そうならないことはすでに述べたとおりです。このことをよく考えてみてください。

つまり、苦しみは本質的にも苦しみですが、一般に幸せと思っているものもまた、いずれは苦しみに変化するということです。したがって、輪廻世界には本当の意味の幸せはなく、ただ苦しみだけがあるということになります。

たとえば、以前は大金持ちだった人がやがては貧乏のどん底に落ちたり、大企業がある日突然倒産したりする状況を考えても、物事が常に変化していることは明らかです。今は家もなく、路上で生活せざるをえなくなったような人々の中にも、かつては大企業の重役であった人がいるかもしれません。地位や立場は常に変わるものです。今生では三善趣に生まれても、それは永遠ではなく、いずれは三悪趣に堕ちることも考えられます。

人として生まれた今生だけをみて、ここには自分を悩ませる多くの問題があると思っても、阿修羅に生まれれば嫉妬による争いで苦しみが絶えません。さらに天界に転生すれば、すでに述べたように、その一時的な幸せに酔いしれ、新たに善を起こすことができないまま過去に積んだ善業による巧徳をすべて使い果たし、残るものはただ執着や不善業のみとなります。彼らの名声や財産、幸せは数え切れないほど長く続き、増大するとしても、最終的に死によってすべてを失うことは確実です。天界に永遠に留まりたいと思っても、次の生で普通の人間に生まれることもあれば、三悪趣に堕ちることもあります。このように、天界において最上の幸せに見えるようなものも一時的な幸せであり決して真実でないのは、天界といえどもこの輪廻世界である限り、遍在する苦しみである行苦（次項）があるからです。

このように変化する状態は生き物だけでなく、無常なる存在すべてに当てはまることです。たとえば、太陽は恒常的に光り輝いているかのように思われますが、いずれは暗黒の世界が訪れます。このようなことは仏陀の阿含に基づく教えなので、経典に書かれているからという理由によって信頼できるとしても、一般的な意味で心の底から信じることは簡単ではないかもしれません。けれども、実際に自分の周囲のさまざまな人や物事の状態をよく見て考えれば、すべては常に変化していることがわかるはずです。そのような中では、一時的に幸せだと思われたこともいずれは苦しみに変わりえます。それが壊苦です。

輪廻世界全体に遍在する行苦《ぎょうく》

三苦の中で私たちが最も知るべき苦しみは、お釈迦様が説いた真実の苦しみ、行苦です。これは仏教のみが説くもので、仏教ではこの行苦を厭《いと》うがゆえに解脱をめざします。たとえば、天の色界や無色界には苦苦はありません。壊苦もないかもしれません。そのように色界や無色界に住まう者たちは感情面ではかなり平坦になっていますが、そうであっても、まだ行苦はあります。行苦は三界のあらゆる輪廻世界に存在することから「遍在する苦」といわれています。

それでは行苦とは具体的にどのようなことでしょうか。それには、人間をはじめとする生き物の構成要素である五蘊《ごうん》を理解する必要があります。五蘊とは、心身を構成する五つの要素、すなわち「色《しき》（物質的な存在として現われるもの）」「受《じゅ》（苦楽などをさまざまに感受・体験する作用）」「想《そう》（対象の特徴などを把握し識別する作用）」「行《ぎょう》（意思や衝動に基づく心形成作用）」「識《しき》（精神的な分野、すなわち生き物の心の活動における中枢部分）」の集まりのことです。一番目の「色」は肉体的・物理的な要素で、残る四つは精神の領域に属するものです。輪廻の中で天界の無色界は色蘊がなく四蘊だけですが、無色界以外の生き物はすべて五蘊によって存在しています。

たとえば、人間である私について考えてみれば、私の身体は色蘊に属し、私の精神は色蘊以外の四蘊に属します。「私」とは、この五蘊の集まりに「私」と名付けただけの存在ですが、それ以上の絶対的な存在として「私」を感じているのが一般的です。それは、物事の真実の在り方を理解していない無知のせいです。この無知ゆえに、五蘊が縁によって寄り集まって成り立っているだけの心身に対して、私たちは執着したり怒りを起こしたりして苦しみます。また、身体と心があるがゆえに衣・食・住が必要となり、それに関連した苦しみも出てきます。このように、輪廻において生を得、五蘊（無色界では四蘊）を得た以上は回避しようのない苦しみが「行苦」です。この行苦から離れて真実の幸福を得るためには解脱するしか方法はありません。

この行苦をよく理解し、「三界の輪廻に捕われない」ようになれば、輪廻世界のすべての生き物に対して慈悲の心を起こすことにつながります。私たちは通常、病気であったり貧しかったり、何かの困難に直面している人々のことを「かわいそうに」と思います。しかし、これといって不自由のない暮らしをしている幸せそうな人に対しては慈悲を感じないものです。それどころか、恵まれた人々に対しては、嫉妬し競争心を燃やすのではないでしょうか。それは、五蘊による本当の意味の苦しみが理解できていないからです。

たとえば、自分の家族など、ある限られた身近な人たちだけを見ても、皆それぞれに苦しみを抱えています。完全に幸福であるかのように見える人であっても苦しみや悩みが皆無ということはありえないはずです。食べ物などの物質的なものが十分に満たされていたとしても、精神的な苦しみがなくなることはないからです。

そのような私たちの人生を考えれば、生きるための活動や仕事には終わりがありません。生きることは「衣・食・住のための準備」の連続といっても過言ではなく、私たちの多くはただただその準備に追われて慌しく毎日が過ぎていきます。そのような終わりのない生存のための準備の途中で、あるとき不意に死が訪れます。そのようにして死んでも、しばらくすればまた五蘊を得て、次の生（来世）がすぐに始まります。そして再び、果てしない「衣・食・住のための準備」に追われる慌しい時の連続となります。

このように、天に生まれようと地獄に生まれようと、輪廻世界である限り苦しみから逃れることができないのは、この輪廻が苦しみの原因（煩悩と業）で成り立っているからです。仏教特有の深い洞察によって捉えられたこの行苦をよく理解しなければ、輪廻全体から脱して涅槃を得たいという強い決意である出離の心は起こりません。

三界の輪廻に捕われた心の対治として三苦についてよく瞑想し、輪廻世界に対する執着から離れ、一時的ではない永遠の幸せである涅槃を求めることが大事です。そのように修行することができれば、結果としてそれが菩提への道となります。「道になる」という意味は、三界の苦しみの原因を超えていないために涅槃の永遠の幸せに疑いを抱くような状態から離れられるということであり、輪廻世界全体の苦しみをよく理解することができれば、あらゆる修行が涅槃や菩提への道になっていきます。

輪廻から離れる可能性

輪廻の本質が苦しみだとわかれば、次に、その苦しみから離れることが実際に可能かどうかが大きな問題になります。永遠の幸せである涅槃を得ること、すなわち解脱が本当に可能なのかどうかを、よく考えてみなくてはなりません。

もし解脱がないのであれば修行をしてもあまり意味がないでしょう。しかし、お釈迦様は、苦しみのない状態があるという真実（滅諦《めったい》）と、苦しみから離れる方法があるという真実（道諦《どうたい》）を説いています。つまり、仏教においては、輪廻は苦しみであるという事実に対して、それを解決する道の可能性が示されているのです。

仏教の真理によれば、あらゆる存在は自性《じしょう》によって存在していません。たとえば非常に怒りっぽい人がいたとします。しかし、その人も常に怒っているわけではありません。もし常に怒っているのであれば、そのことは自性としてあることになります。しかし実際には、怒りっぽい人も笑うこともあれば、冗談をいうことも、優しいときもあり、常に同じ状態ではありません。

心についても同様です。もしも心の汚れである煩悩が自性によって存在しているとすれば、心が変化することはありえません。どれだけ一生懸命に精進努力しても心を浄化することはできないでしょう。しかし実際には、ある側面では確かに心の汚れは存在しますが、その汚れは自性によってあるわけではないので、未来永劫にわたって心が汚れたままであるわけではありません。

精進努力すれば心の汚れが取り除かれ、永遠の幸せを得ることができるとお釈迦様が説いたということは、すなわち、解脱の道はあるということです。そして、そのための方法が「輪廻に捕われた心から離れること」であるならば、それを実践することはきわめて重要です。この輪廻世界にない本当の幸せを得るためには、輪廻を心底から厭い、解脱を願う強い思いを起こすことが必要です。

ここまでの内容は、『ラムツォ・ナムスム』との対比でいえば「出離」に当たります。参考までにいえば、ツォンカパ大師の『菩提道次第広論《ラムリム・チェンモ》』には、解脱を願い求めることについては説かれていますが、解脱に至るための道（道諦）は説かれていません。それは、小乗仏教のような自分一人のための解脱を求める危険を回避するためです。大乗仏教徒としては、自分一人の解脱を求めるのではなく、自分の苦しみを思うことによって他者の苦しみにも気づき、一切衆生のために菩提心を起こす必要があるからです。

4　自利に捕われた心から離れる

[本文]

自身の利益に捕われるのは
敵対者の息子を育てるようなもの
一時的には歓びであっても
究極（将来）的に自身に害をもたらすことが決定している

それゆえ、自身の利益に対して捕われたとしても
一時的に幸せでも、究極（将来）的には三悪趣に堕ちる

自利に捕われれば自分も駄目になってしまう

ここでは、第三のテーマ「自分の利益に捕われないこと」について、自己愛着によって自分自身の利益に捕われる状態は「敵対者の息子を育てるようなもの」だと述べています。それは将来的に大きな障害となる愚かな行為です。

たとえば自分自身がとても幸せだったとしても、それは一人だけの幸福でしかありません。自分以外の大勢の母なる衆生たちが皆、深い苦しみの中にあるのに、自分だけが幸せでいてよいものでしょうか。

仮に自分一人だけが解脱したとします。その結果は、自分自身にとっても完璧なものではありません。たとえば小乗仏教の声聞《しょうもん》や縁覚《えんがく》の阿羅漢《あらかん》になれば、煩悩の障害である煩悩障《ばんのうしょう》は滅していても、智慧の障害である所知障《しょちしょう》がまだ残っています。その状態では、自分自身の修行としても未完成ですから、苦しみの中にある他者を助けることは到底不可能です。

サパンが「それゆえ、自身の利益に対して捕われたとしても、一時的に幸せでも、究極（将来）的には三悪趣に堕ちる」と述べているのは、自分一人の幸福を願って解脱した結果として三悪趣に堕ちることになれば、結局自分自身をも駄目にしてしまう、ということです。

次のような逸話があります。あるとき、舎利子《シャーリプトラ》が、大乗仏教に縁のある修行僧たち五百人に小乗仏教の教えを授けました。その後、マンジュシュリが現われて大乗仏教の教えを説いたそうです。すると、五百人の比丘たちは信仰を失い、地獄に堕ちたということです。その後、シャーリプトラがお釈迦様にこの一件を報告すると、お釈迦様は「マンジュシュリは、より巧みな方便をもっているのであるから」といったそうです。

この場合の「地獄に堕ちる」には独特の意味合があります。この逸話に出てくる小乗仏教の場合、五道《ごどう》の第一段階は「資糧道《しりょうどう》」、すなわち修行に必要な基礎（資糧）を積む段階です。そのような資糧の集積を続けつつ、凡夫としての修行をさらに進めてゆく段階が次の「加行道《けぎょうどう》」です。「加行道」

にも四段階あり、その三段階目の「忍《にん》」の境地に至ればもう三悪趣に堕ちることはないと『阿毘達《あびだつ》磨倶舎論《まくしゃろん》』に書かれています。

ですから、本当に阿羅漢の境地に至った人であれば、ここでサパンが述べているような言葉どおりの「三悪趣に堕ちる」ことは実際にはないでしょう。しかし、仏陀の境地に至るという観点では、三悪趣に堕ちなければそれでよいとはいえません。特に、この逸話に出てくる五百人の比丘は、大乗仏教に入る縁の僧たちです。そうであれば、長い目で見たときには、たとえ一時的に地獄に堕ちたとしても最初から大乗の門に入ったほうがよいということになります。もし小乗仏教の門に入り阿羅漢となってしまえば、そののち大乗仏教に入るまでに、とてつもなく長い時間がかかるといわれているからです。

別な表現をすれば、声聞や縁覚の阿羅漢の境地とは、まるで麻薬を打ったときのようで、自己愛着に基づいた禅定ばかりを行なっているような状態です。そのような半ば眠ったような状態では、他者のために何かを行なおうという利他の心など容易に生じません。いわば、うつらうつらしているようなものなので、他者のためになるどころか、自分自身のためにも本当の幸せを得ることはできません。

自利に捕われた心の対治：「トンレン」を行じる

そのように自分の利益のみを考える状態の対治は菩提心を行じることです。第一と第二の秘訣を通じて真面目に考え、今生のみならず三界の輪廻全体に捕われた状態からも離れる気持ちになったとしても、その上で菩提心を起こすことができなければ、結局また自分だけの幸せを望み、自分だけの解脱を求めることになってしまいます。ですから、「三界の苦しみの原因から自分一人だけ離れても意味がない。過去において一度ならず恩を受けた母なる一切衆生が最上なる涅槃を得るためには、私は何劫《カルパ》（インドの無限な時を表わす単位）にもわたって地獄に生まれようとも構わない」というような心が生じなくてはなりません。

そのためには「トンレン」の瞑想が有効です。トンレンは、「すべての衆生の苦しみが自分に熟しますように」と願う「受け取る《レンパ》」の行と、「自分の功徳がすべて衆生たちに与えられますように」と願う「差し上げる《トンワ》」の行の二つからなります。このトンレンの瞑想を行なえば、大きな福徳を積むことになります。その福徳の力によって、衆生たちが成仏しますようにと願い、自分の利益を求める心から離れ、菩提心を起こすことができます。（トンレンの実践に関する詳しい説明は、ソナム／藤田著『チベット密教　心の修行』第二章　法藏館を参照）。

自分の利益に捕われた心の対治として菩提心を修習した結果、「自分は一切衆生のために地獄に堕ちてもいい」というような気持ちになれば、菩提道における誤りであり汚れである「自利に捕われた心」をなくすることができます。

5　事物《じもつ》や現象に捕われた心から離れる

［本文］

事物と相（現象、あるいは状況）に捕われるのは
蜃《しん》気《き》楼《ろう》の水（逃げ水）に捕われたようなもの
それゆえ、一時的には出現するが
口にすることはできない

誤った意識に、この輪廻が現われても
智慧によって分析すれば
実体は一つとしてない

「ない」ものを「ある」と思い込ませる我執

自利に捕われた心の対治として菩提心を起こし、ある程度それに慣れたとしても、その根底に我執があり、あらゆる存在の真実の在り方を知らなければ、一切智智を得ることはできません。存在の真実の在り方を知らない状態とは、自性によって存在しているものはただ一つもないのに、あらゆる存在には実体性があると思い込んでいる状態です。

そのような誤った心によって「事物と相に捕われた」結果、物事に執着し、良い物であれば「絶対に手に入れたい」と思い、嫌な物や人に対しては「絶対に嫌だ」と嫌悪や怒りの感情で向き合ってしまうことになります。このような状態はすべて我執によるものです。

我執とは「我」に捕われた状態ですが、この「我」とは他の存在から独立した絶対的な本質という意味で、簡単にいえば自性のことです。これは、私という人間の自性である人我《にんが》だけでなく、私のものをはじめとするあらゆる物事の自性である法我《ほうが》をも意味しています。

このように「我」に捕われて執着するのは、物事の真実の在り方にそぐわない誤った見方や考え方が原因です。そのような誤った心は、対象となっている人や物の長所や欠点が実際には五十パーセントであっても、たとえば百パーセントかそれ以上と思い込み、過剰に執着したり憎んだりします。

仮に蜃気楼によって水が見えたとしても、それは本当の水ではありません。蜃気楼に騙され、そのような偽りの現われに捕われて遥か彼方まで行ってみても、辿り着くとそこに水はありません。水のように見えていても、実際に「口にすることはできない」のです。このように、「ない」ものを「ある」と思い込んでしまうのは我執のなせるわざであり、これが物事の在り方に対して間違えている状態です。

あらゆる物事に捕われる心の対治：空性を理解する

より厳密にいえば、空性を理解しない限り、あらゆる物事は蜃気楼の水の喩えのごとく見えてしまうのが現実です。たとえ過剰な執着や憎しみなどがないとしても、現在の私たちの心は汚れているので、どうしても物事に実体性をみて捕われてしまい、そのような状態から離れることは非常に困難です。

このような「事物と相に捕われた」状態の対治は空性を理解する智慧を得ること、すなわち、あらゆる存在の無我（人無我《にんむが》と法無我《ほうむが》）を修習することです。これについて、シャーンティデーヴァは『入菩薩行論』の中で、「六波羅蜜《ろっぱらみつ》の六番目の智慧波羅蜜《ちえはらみつ》を理解するために、その前の五つ（布《ふ》施《せ》、持戒《じかい》、忍辱《にんにく》、精進《しょうじん》、禅定《ぜんじょう》）がある」と述べています。あらゆる物事に強く捕われている状態から離れるための「智慧」が完成するまでには、その前の五つを修習する長い道のりがあるということです。

無我あるいは空性を真に理解するためには、般若《はんにゃ》や中観《ちゅうがん》の思想を深く学び、熟考し、瞑想しなくてはなりません。現実的には、そのような深遠な観察や分析はできないとしても、第一段階として、ある物を見たときに、その長所あるいは短所は少しなのに自分はそれを事実以上に大きく膨らませて捉えてしまっているとわかれば、非常に役に立ちます。

たとえば自分が怒っているときに、少し冷静さを取り戻して、その状況をよく分析してみてください。そうすれば、自分が怒っている原因は相手ではなく自分にあることがわかったり、また、たとえ相手のせいであったとしても、その相手にもいろいろな条件があり、そのときの状況によってそういう結果になっただけだとわかる場合もあります。怒ったときだけでなく、日常生活で何かが起こったときには常に、どのようにしてそれが起こったのかを冷静に考えてみるとよいでしょう。

また、以前、自分が執着したり怒ったりしたときの感情はその後どうなったかを、ゆっくりと考えてみるのもよいでしょう。

実在論と虚無論の両極端を離れる

あらゆる存在は無我であり、無自性であることを常に心に思うことは大切です。あらゆる存在に自性や絶対性を見るようであれば、それは我執であり邪見《じゃけん》です。

我執とは、あらゆる物事は自性によって存在しているとする実在論に捕われた一つの極端な心の状態です。一方、自性によって存在していないことを全く何もないことと捉えれば、もう一つの極端である虚無論、すなわち、あらゆる物事は全く存在しないというニヒリズムに陥ります。このような実在論と虚無論の両極端を離れた空《くう》なる状態を理解することは非常に重要です。

瞑想においては、「あらゆる物事は、存在するが自性はない」と気づき、ただ単に自性を否定しただけの状態にしておきます。仏教では一般的な創造主としての神を認めていません。四大《しだい》（地《ち》・水《すい》・火《か》・風《ふう》）を誰が創ったのかと考え、外側の絶対的な創造主を探しても見つけることはできません。あらゆる存在の究極的な在り方は、簡単な言葉で単純に表現できるようなものではないので、あらゆる物事は自分の法性《ほっしょう》（空性）そのものから現われ出たものとして、瞑想の中でそれらの現われをそのままに置くことです。

あらゆる存在は心の対象に他なりません。心の対象である現われは夢や幻と同様で、ただ縁起によって生じているだけなので、真の「智慧によって分析すれば」自性は皆無です。夢は、それを見ている本人にとっては本当のことのように思われますが、目が覚めるとそれが現実ではないことがわかります。悪夢をみて恐ろしい思いをしたとき、目が覚めて現実ではないことがわかると、「ああ、よかった」と思うでしょう。

このように、あらゆる存在は夢のようであり真実ではない（自性はない）けれども実際に現われています。このことをよく心に刻み込んで記憶し、夢のような現われについて瞑想します。そのようにすることができれば、菩提道における誤りである「事物と相に捕われた状態」から離れることができます。

［本文］
それゆえ、過去には心がなく、未来にも心はない
現在においても、心はないというように理解し
一切法（すべての存在）に対しては分別から離れることを知るべきである

心はどのように存在しているか

では、心とはどのようなものでしょうか。『大日経』や古いタントラには、「心を知れば、すべてを知る」と説かれています。そして、この本文では、「過去にも未来にも心はない」と述べられています。心の本体は、誤りの心でも、正しい心でも、智慧でもなく、それは、仏陀にも、事物にも、どこにもないのです。

それでは、心はどのように存在しているのでしょうか。その答えは、「自性によって成立している心は存在しないということです。この「自性」とは、他の存在から独立した実体性のことです。ですから、「心を知れば、すべてを知る」という意味は、「自性によって成立している心は存在しないと知れば、その他のこともすべてわかる」ということです。

心の働きのない状態を知る

この本文は、マハームドラーのように、禅定における分別のない心の明らかさについて述べているのかもしれません。私たちの通常の心には常にさまざまな考えが湧き起こり、その湧き起こったものを分別しては心配したり、落胆したり、執着したりしていますが、「こうなればいいのに」という期待や「そうならないのではないか」という不安や疑いを捨てて、心をそのままにしておきなさい、ということです。過去の出来事やそれに関連した想念を持ち出さずに、また未来への期待につながるような考えも起こさずに、作意《さい》せず、現在の意識を自然なままにしておきなさい、そのようにすると、ときによって物事を分別する粗い心が断ち切れ、それによってはじめて心本来の状態がわかる、ということです。

これは、インドの聖者サラハ（九世紀）やナーローパ（一〇一六～一一〇〇：インドの大成就者。カギュ派の祖となるマルパに「ナーローの六法」を伝授）などが考えていたことです。サラハは次のように述べています。

作意することなく、心を自然にたゆたわせることである。

（ソナム著「大印契の思想と実践」立川／頼富編『チベット密教』春秋社　一〇三頁）

ときによって、このような瞑想が効果的なこともあるかもしれません。

また、大行者リンレーパ（一一二八～一一八九）も、表現はやや異なりますが、同様のことを次のように述べています。

作意なく、あるがままに心をたゆたわせたなら、証悟が現われる。河の流れのように〔心の流れを〕見守れば、心が完全に現われる。瑜伽行者よ、〔認識の〕対象の相を捨てて、常に三昧に入れ。

心に、色や声など、どのような対象が現われても、善業悪業、苦楽のどのような分別（概念）が現われても、それに対してひとつたりとも肯定も否定もせず、ありのままに停めておくのだ。そうすれば、想念は自然に消滅する。その後は、何も認識することのない空が現われる。このように見ることは法性を理解することであり、心の本質と出会うことである。

（ソナム著「大印契の思想と実践」立川／頼富編『チベット密教』春秋社　一〇三頁）

たとえば大きな怒りが生じたときに、それを否定せず、あるいはその善悪を分別することなく、作意のない別の心でそれをよくみることができれば、怒りのような意識は自然に消えてなくなるということです。そして、怒りを生じた心の形跡が全く認識できない空間のように禅定をすることができれば、空性を理解する（あるいは心を認識する）と述べています。

この点について、『カンガーマ』の中には次のようにあります。

知を超越する無作のかのもの（マハームドラー）を証悟しようと思うなら、自心を捜すその道理を赤裸に置いて見よ。分別の垢の水を清らかに澄みわたらせろ。顕れを否定することも肯定することもなく、ありのままにたゆたわせろ。排除も承認もなければ、それがマハームドラーである。

（ソナム著「大印契の思想と実践」立川／頼富編『チベット密教』春秋社　一〇三頁）

心の働きは絶対不変のものではないと理解できれば、自分の心を認識することができるから、その心をありのままにたゆたわせておきなさい、ということです。たとえば、汚れた水をそのまま静かに放置すれば、自然に汚れが底に沈み水がきれいになることがあります。そのように、心に現われるもの、すなわち心の汚れである分別の垢に対して肯定も否定もせず、特定の力を加えなければやがてきれいになる、ということです。

空性の面からいえば、たとえば悪いものを捨てて善なるものを受け取るというようないい方もできなくなるので、顕教的な意味では、そのように分別や作意のないことがマハームドラーであると理解することもあります。初心者の場合は、正しい論拠によって観察・分析する類の分別が必要ですが、あまりにも妄念が強すぎるようなときには、ここに示されているような瞑想を行なうとうまくいくかもしれません。

張りつめた状態と弛めた状態の中間に心を置く

マチク・ラプドゥンマ（一〇五五～一一四三）は次のように述べました。

　張りつめた状態と弛めた状態の間に、心の置き所がある。
　（ソナム著「大印契の思想と実践」立川／頼富編『チベット密教』春秋社　一〇四頁）

これは、張りつめた緊張感は必要であるが、あまりにも一生懸命になりすぎると心に昂《たか》ぶりが生じるので、張りつめた心を少し弛めること、しかしまた弛めすぎると眠気が起こるので、頃合のとれた集中が必要であることを意味しています。過剰な努力はやめて緩やかに努力するということです。

これについて、『菩提道次第広論』の止の章には、「あまりにも集中し努力しすぎると昂ぶり、かといって集中が足りなければ沈み込んで眠くなる」と書かれています。あまりにも一生懸命にやりすぎると心が昂ぶり不安定になるので、少しリラックスすることが必要です。しかしまたリラックスしすぎると眠くなるので、適度な一生懸命さ、適度な心のコントロール、適度な心の強さが必要になります。

心は常に動いています。たとえ心の動きがあまり自覚できないようなときでも、よく観察して、心はどのようなものかを感じてみるようにするとよいでしょう。そして、昂ぶりと沈み込みの間にいろいろな分別が湧き起こったときには、それらに捕われずに、そのままにしておくことです。たとえば、意地悪などをする相手にこちらからは何もせずにいると、やがて意地悪をしなくなるということがあります。同様に、心にさまざまな考えが湧き起こったときに、どうしたらよいかと悩み煩わずに、どのような考えが湧き起こっても抑えようとしないで、自由に湧き起こるままにしておいたり、あるいは湧き起こった考えに自性があるかどうかをよく観察・分析することを、過度にではなく適度に行なうと、最終的にそういう心の動きは止まり、それらの考えや分別が湧き起こる前、すなわち汚れが沈んだきれいな水の状態に戻ります。そのようにして瞑想がうまくいくようになれば、やがて空性が理解できるようになります。空《くう》は空間ですが、心が明らかな空なる状態となるように瞑想します。

湧き起こる分別を否定せずそのままに観る

昔、インドでは、長い航海のときに船に鳥を乗せていって、それを放して陸地までの距離を測ったそうです。その当時の状況から、インドの『ドーハー』には次のように書かれています。

昔、行けども行けども陸が見えない大海原を何カ月にもわたって航海していたとき、船の中で飼われていた鳥は、まるで囚人のようで、毎朝船から放してやっても、夜になると必ずまた戻ってきた。

（ソナム著「大印契の思想と実践」立川／頼富編『チベット密教』春秋社　一〇四頁）

このように、心も、コントロールしてはいても、あまり否定せずに自由にさせておくと、やがてまた元の状態に戻るということです。

カギュ派の偉大なる修行者ヤングンパは次のように述べています。

妄分別に対して誤りであるとは見ないで、また無分別をわざわざ瞑想することなく、心をあるがままにまかせること。そうすれば〝止〟のとおりになる。

（ソナム著「大印契の思想と実践」立川／頼富編『チベット密教』春秋社　一〇四～一〇五頁）

一九二頁の本文でサパンがいわんとしていることの真意は、解釈の仕方によっても異なると思いますが、一つの考え方あるいは方法として、このようなことを述べているのかもしれません。これは一般的な中観の方法とは異なりますが、ときによってこのような方法も有効だと思われます。

ちなみに通常の中観の方法では、たとえば怒りが生じたときに、その怒りの本体はどこにあるかと具体的に分析していきます。手に痛みがあるときには、その痛みの本体は手のどこの部分にあるのかと具体的に探してみます。『般若心経』にもありますが、このような方法で物事あるいは現象を一つひとつ分析していくと、究極的な意味（勝義《しょうぎ》）でその本体はどこにも見つかりません。そのことがよくわかれば、実際以上に増大させて受けとめていた痛みの感覚が軽減したり、また消失することもあります。

心の奥底に静けさと楽を保つ

サパンが述べている瞑想の方法には、一般的な心の訓練《ロジョン》の教えと共通する部分もあります。ロジョンの修行においては、どのような状況になっても過剰な期待や疑念を抱かないことが一つの要点です。世間的な意味でどれだけつらいことがあっても、また逆に幸せなことがあっても、心の奥深いところは常に変化がなく安定していて、静けさが保たれていて楽であるようにということです。簡単な表現をすれば、表面的には良いことや悪いことがいろいろあっても、心の底ではあまり気にしていないことです。

妄分別は良いものと考えられていませんが、それが高じて、瞑想とは無念無想になり何も考えないことと捉えられている場合もあるかもしれません。確かに、ときによってはそのような瞑想にも意味はありますが、捉え違えて極端に走ることには注意が必要です。

たとえば、八世紀後半、中国僧の摩訶衍《まかえん》は、「白い犬が噛んでも黒い犬が噛んでも同じ」として、禅定中は善悪を問わず考えること自体がよくない、すなわち不思不観を徹底すべきことを主張しました。これに対して、蓮華戒《カマラシーラ》（七四〇～七九五：インド仏教哲学の巨匠、寂護《シャーンタラクシタ》の弟子）など、インドの論師たちが批判を加えた歴史があります。サムイェーの宗論です。

この摩訶衍和尚のような極端な瞑想のやり方にはやや危険性もありますが、期待しすぎず疑わないことは善い修行になります。それではまるで愚か者ではないかと思うかもしれませんが、あまりにも考えすぎたり分別しすぎて単に理屈っぽくなっているだけのこともあります。かといって、論理的に考えなければ誤りが生じる可能性もあるので、この両極端に陥らないためには物事の正しい在り方をよく見る必要があります。

6　四つの捕われから離れた結果

［本文］

そのようにすれば、今生に対して捕われることがなく
三悪趣に生まれることがない
三界の輪廻に捕われることがなく
輪廻に生まれることがない

過剰な期待や疑念がなければ問題もなくなる

「四つの捕われ」から離れることを学び、まず今生に捕われなくなれば、三悪趣に生まれることがなくなります。「今生に捕われない」という意味は、「今生を捨てる」あるいは「自分を捨てる」ということですが、それは餓死することでも、仕事をせずに遊んで暮らしていればいいということ

でもありません。その真意は、世間八法に基づいた今生の生活（衣・食・住や名誉）に対する執着から離れることです。自分の身に良いことが起こるようにと期待しすぎたり、また、悪いことが起こるのではないかとあまりにも恐れたり疑ったりせず、どのような事態になっても起こったことはすべて受け入れると思うことです。

私たちが不善を行なうのは、あまりにも期待しすぎるために、少しでも邪魔が入ると憎しみや怒りを覚えるからです。そしてついに殺人まで犯してしまうこともあります。そのような意味で、今生に対する執着を捨てることができれば、非常に楽に生きられるようになるでしょう。仕事でも何でも、あまりに期待しすぎず、余計なことを気にしなければ、問題もなくなります。そうすれば悪業を積まなくなるので、来世に三悪趣に堕ちる心配もなくなります。

輪廻世界のどのような状態にも捕われない

順番として、まず今生と来世であれば来世のほうを大事に思うようにします。そのようにして、今生にこだわり今生のみを重視する態度がなくなったら、その後は、今生、来世と限定することなく、最終的に輪廻全体に捕われて執着する状態からも離れるようにします。

人間界でも天界でもどこでも、輪廻にある限りその本質は苦しみです。特に無常という観点から、今生、来世、そして輪廻全体について考えれば、あらゆる物事は常に変化し続けていて、死は必至であることがわかります。輪廻世界の欠点としての三苦について深く考え瞑想すれば、自ずと輪廻全体を厭うようになるでしょう。輪廻を厭う気持ちになったあとは、大乗仏教としての解脱のすばらしさや利益を思い起こします。そのようにして、輪廻のどのような状態にも捕われたり執着することがなくなれば、輪廻に生まれることもなくなります。

［本文］
自身の利益に捕われることがなく
声聞や縁覚に生まれることがない
事物や相（現象、あるいは状況）に捕われることがなく
素早く確実に正等覚（覚り）を得る

自分より他者を優先させる

「自身の利益に捕われることがない」というのは直接的な大乗仏教の思想です。自分自身の利益を考える心の根底には自己愛着があります。そのような自己愛着によって自分だけの解脱を求めるのではなく、自分以外の多くの人々や生き物たちも同様に苦しんでいるのであれば彼らも輪廻から離れなくてはなりません。そのように他者を大切に思う心が強く生じてくれば、自分の立場はあまり考えなくなります。「自分の立場を考えない」あるいは「自分を捨てる」ということの意味が自殺のようなものでないことはすでに説明しました。今すぐ完全にそのようになれないとしても、できる限り他者を優先させ、自分をその次にするようになれば、大乗仏教徒として菩薩の道を歩み始めることができます。

誤った見方を智慧に転じる

慈悲や菩提心を起こしたあとは、あらゆる物事は自性によって存在していると見る心から離れます。たとえ菩提心があっても、あらゆる存在の本当の在り方を知らなければ、修行は決してそれより先に進みません。修行が大きな発展を遂げ素早く覚るためには、物事の在り方に関する真理、すなわち空性を理解する必要があります。そのための修行として、我執の対治となる無我の修習を行ないます。そして、心のすべての汚れや誤りが完全に取り除かれた暁には、あらゆる存在の在り方に対するそれまでの誤った見方が智慧に転じ、正等覚《しょうとうがく》（覚り）を得ることになります。

このように、方便としての大悲や菩提心と空性を理解する智慧の両方が揃えば、円満なる仏陀の身体と智慧の心が実現し、その無限なる功徳によって最上の幸せに至ることが可能になります。

Ⅲ　日常生活の中での実践のしかた

この「四つの秘訣」は仏教の心髄そのものなので、その一つひとつを静かによく考えてみるようにしてください。

たとえば、朝起きたときに、四つのうちの一つ目として、今生に捕われた心から離れるために無常について考えます。そして、日中、仕事などを一生懸命にやりながらも、その状態を永久不変のものとは捉えないで、この状態も無常だからいずれ変化する、と軽やかに受けとめるようになれば、いろいろな困難を受けとめる心も少し変わるでしょう。

要は、今日（今生）のことばかりを考えすぎず、明日（来世）以降のことも考えなくてはならないということです。そのためには、有暇具足のすばらしさや得難さをよく認識し、死の無常を忘れず、因果関係の業の法則を信頼することです。

この教えを本当の意味で実践するのは容易なことではありませんが、ここに書かれている中で自分にとって行ないやすいことから始めて、徐々に難しいことへと広げていけばよいでしょう。私には到底できないと自信を喪失したり、信仰を失ってしまうことがないように注意してください。同じ内容でも、嫌気がさしたり疑問が生じたりして効果がないときもありますが、また逆に非常に効き目があると感じられるときもあります。さらに、いろいろな種類の教えや方法を通じて学んだり考えたりしていくと、心に対する効果もまた違ってきます。

仏教では、よく考える力のある人にはただ真言やお経を唱えることのみを教えてはならないともいわれています。これは、真言やお経を唱えるだけで教えの内容そのものについて考えなくなるように導いてはならない、という意味です。ただし、これは絶対的なことではありません。仏教には、個々の受容能力や特性に応じた多様な方法があるからです。

いずれの方法をとる場合であっても、常日頃より恩深い上師たちと慈悲深い本尊に帰依して、「どうか加持してください」と心から願うことが大切です。「日常生活の中で非法の行為をなさず、仏陀の教えどおりによく修行できますように」と強く願い、「この教えについてよく瞑想できるよう、この教えの秘訣をどうかお授けください」と心から祈願することが大事です。

そのようにしてこの「四つの捕われ」から離れることができれば、そのときこそ、行なう修行が本当に力のあるものとなり、「私が行なう聞・思・修の修行の功徳によって、すべての心ある生き物たちが仏陀の境地を成就するための力となることができますように」と、心から祈ることができるようになります。

おわりに

本書は、一九九九年四月から半年間にわたってポタラカレッジ東京センターで開講された、心の訓練《ロジョン》のクラスの講義に基づくものです。このクラスで使用したテキストは、ツォンカパ大師の『道の三要訣《ラムツォ・ナムスム》』を齋藤保高さんが、サキャ・パンディタの『四つの捕われから離れる秘訣《シェンパ・シ・テル》』を藤田省吾さんが、それぞれチベット語から日本語に訳してくださいました。講義では、さらに種々の注釈書、ラムリムやロジョンの教え、上師の口伝などをもとに解説を加えました。

当時の受講生の方々はこの教えに非常に深い関心を寄せ、それぞれにノートを取ったり録音したりして学び、授業中もそれ以外のときにも多くの質問を受けました。私の印象として、この教えは非常に加持力があり、皆さんの考え方を変えるのにとても有効だったように思います。受講生の中には受講を終えたのちに出家した方もおり、皆さんの心が大きく変化したことによって私自身もさらに信仰を深めることができました。

そのような受講生の中で国枝祐子さんと中島英子さんは、自分自身の勉強のために私が話した教えを文字にし、その内容について何度も吟味したのち、教えを日本語として整え、引用文献なども詳しく調べました。

このようにして本書ができあがったことは、齋藤保高さん、藤田省吾さん、そして国枝祐子さんと中島英子さんをはじめとする受講生の皆さんのおかげですが、そのなかでも中島さんは本書作成の最初から最後まで一貫して作業にかかわることとなりました。皆様に心から感謝し、ここにお礼を申し上げます。

本来であれば、この方々も著者として名を連ねるべきところですが、皆さんは三要訣の教えをそのとおりに心にとどめ、世間八法とならないよう、私の名と自分の名を並べることはしたくないとのことでした。私から何度か勧めましたが、この本の日本語表現に関する責任という意味ならそうするけれども、そうでなければ辞退したいとの希望が中島さんからあり、今回このような形となりました。

偉大なる瑜伽行者ミラレパは次のような言葉を残しています。「洞窟で修行する修行者と、その生活を援助する信者であるスポンサーの二人は、同時に仏陀となる縁起がある。このような縁起の心髄は廻向であり、この廻向に注目すべきである」。

ミラレパのこの言葉と同じように、三要訣の教えを日本語の本にすべく直接的に努力された方々と、それをさまざまな形で援助してくださった方々のすべての善根を、皆様が仏陀の境地に至る原因となりますよう廻向致します。そして、このように廻向した縁起によって、皆様が将来仏陀となりますように、本書を読まれた方々の善根が熟しますように、一切衆生が幸福になり、仏陀の教えが広まりますようにと心から祈願致します。

最後に、この教えが日本語の書物となり皆様に読んでいただくことが可能になったのは法藏館の上別府茂さんと田中夕子さんのおかげです。そのご尽力に心より感謝申し上げます。

ポタラ・カレッジでは「心の訓練《ロジョン》」や「菩提道次第《ラムリム》」の解説をはじめ、瞑想実修、チベット語の指導を東京、静岡、京都、広島などで受けることができます。
詳しくは、左記までご連絡ください。

ポタラ・カレッジ（チベット仏教普及協会）東京センター
〒一〇一-〇〇四一　東京都千代田区神田須田町一―五　須田町交叉点ビルＢ１
電話／ＦＡＸ　〇三―三二五一―四〇九〇
http://www.potala.jp
E－mail　info@potala.jp

ゲシェー・ソナム・ギャルツェン・ゴンタ
(Geshe Sonam Gyaltsen Gonta)

1955年、チベット本土のティンリ村に生まれる。中国のチベット侵攻によりインドへ亡命。73年よりダラムサラ仏教論理大学でチベット仏教を学び、修行を積む。83年に来日、日本仏教を学ぶ。92年、大正大学大学院文学研究科博士課程(仏教学)修了。現在、チベット仏教普及協会(ポタラ・カレッジ)会長。96年、デプン僧院にて「ゲシェー」(仏教哲学博士)の学位を受ける。著書に『チベット密教の瞑想法』(金花舎)、共著書に『実践チベット仏教入門』(春秋社)、『チベット密教　心の修行』(法藏館)、『チベットの般若心経』(春秋社)、監訳書に『ダライ・ラマ瞑想入門』(春秋社)、共訳書に『ダライ・ラマ　生き方の探求』(春秋社)、『チベット仏教・菩薩行を生きる』(大法輪閣)ほか、チベット仏教に関する論文多数。

チベット仏教　文殊菩薩の秘訣

二〇〇四年二月一五日　初版第一刷発行

解　説　ゲシェー・ソナム・ギャルツェン・ゴンタ
発行者　西村七兵衛
発行所　株式会社　法藏館
京都市下京区正面通烏丸東入
郵便番号　六〇〇-八一五三
電話　〇七五-三四三-〇〇三〇(編集)
〇七五-三四三-五六五六(営業)

印刷・製本　亜細亜印刷株式会社

ISBN 4-8318-5636-3　C1015